LUTHER-
VERLAG

Bibliographische Information der Deutschen Nationalbibliothek
Die Deutsche Nationalbibliothek verzeichnet diese Publikation
in der Deutschen Nationalbibliographie;
detaillierte bibliographische Daten sind im Internet
über http://dnb.d-nb.de abrufbar.
ISBN 978-3-7858-0766-8

Umwelthinweis:
Dieses Buch wurde auf chlorfrei gebleichtem Papier gedruckt.

Umschlaggestaltung: tiefschwarz und edelweiß, Hagen (www.tsew.de)
Satz: Luther-Verlag GmbH, Bielefeld
Druck und Bindung: Beltz Bad Langensalza, Bad Langensalza
Printed in Germany

Hans Möhler

GOTTES BESONDERE HÄUSER

Eine Reise zu den ungewöhnlichsten Kirchen der Welt

Luther-Verlag

Inhalt

Vorwort

Rom ist die Stadt der tausend Kirchen, sagt man. Die kleine mazedonische Stadt Ohrid kann allein 365 Kirchen aufweisen. Weltberühmte Kathedralen ziehen jährlich hunderttausende Besucher aus nah und fern an, und wenn Notre-Dame de Paris abbrennt, geht eine Welle des Erschreckens um die Welt.

Wer auf Reisen ein wenig die Augen offenhält, findet Kirchen und Kirchlein, die kaum jemand kennt – am Straßenrand im Libanon, in den entlegensten Wüstenbergen Äthiopiens oder in der Abgeschiedenheit der Kapverdischen Inseln. Sie sind ungewöhnlich klein oder alt, präsentieren sich in ungewohntem architektonischem Gewand, stehen an besonderen Orten oder tragen eine außergewöhnliche Geschichte in ihren Mauern.

Gottes besondere Häuser sind das Ziel dieser Buch-Reise in Text und Bild. Sie werden nicht kunsthistorisch und architektonisch überbordend beschrieben, sondern kurzweilig mit ihren Besonderheiten vorgestellt. Sie erzählen uns Geschichten aus ihrer Entstehungszeit genauso wie aus dem gegenwärtigen Leben ihrer Gemeinden. Zusammen mit den prachtvollen Bildern von Hobby- und Profi-Fotografen aus aller Welt (Wikipedia sei Dank) zeigen sie uns die Vielfalt, Schatten- und Lichtseiten religiöser Vorstellungen.

Vielleicht bekommen Sie ja Lust, auf der nächsten Reise einmal anzuhalten und zu staunen, wenn ein Kirchturm hinter der nächsten Kurve auftaucht.

Ich wünsche Ihnen dabei viel Freude,
Hans Möhler

Telgte im Januar 2020

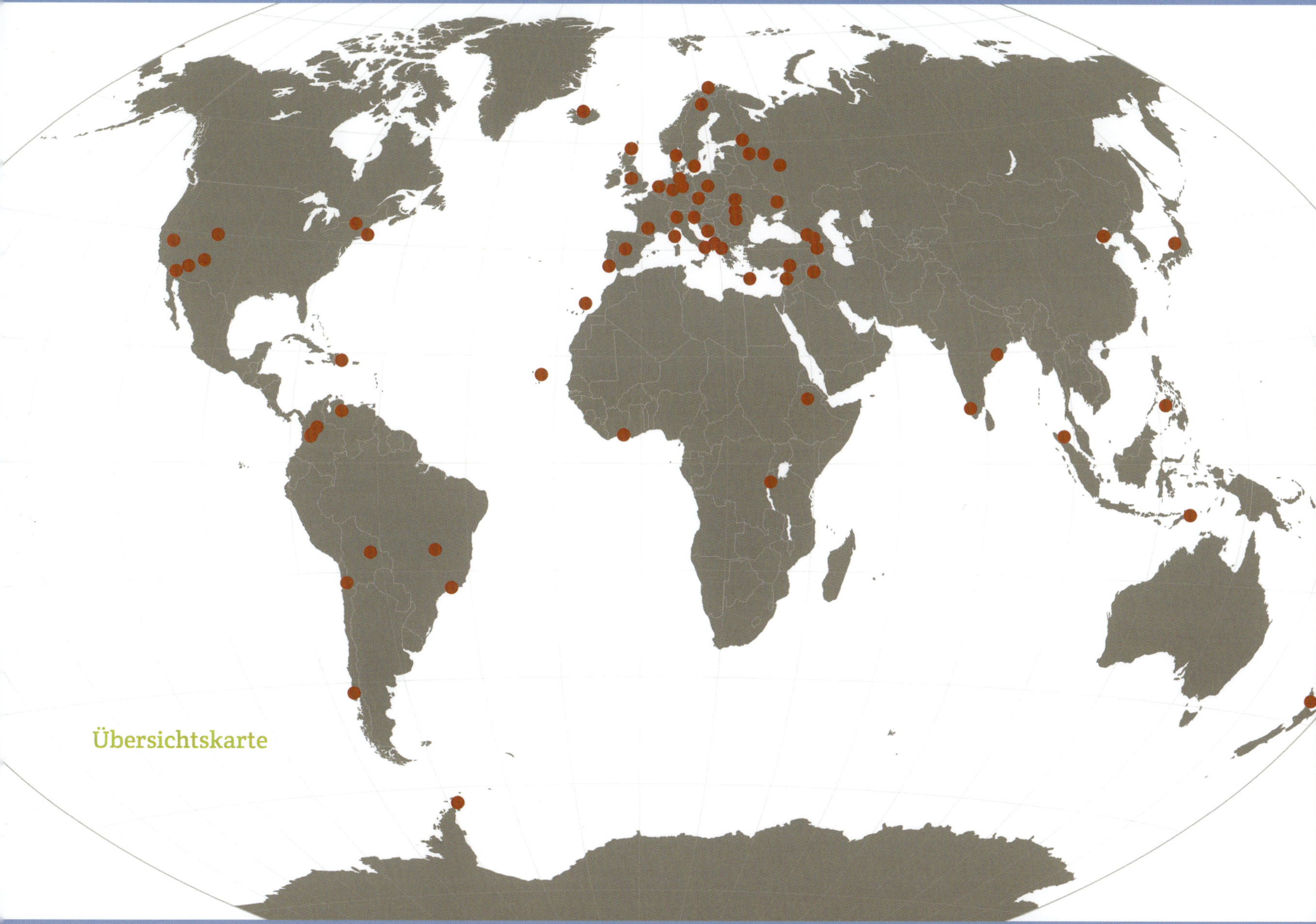

Übersichtskarte

Wallfahrtskirche Zelená Hora | Žďár nad Sázavou

- **Tschechien, Europa**
- **Denomination:** Römisch-katholische Kirche

Koordinaten:
49°34'48"Nord
15°56'31"Ost

- An nicht wenigen Orten kann man ihn entdecken: eine Brücke, eine Statue – und bei genauer Betrachtung entpuppt sich der steinerne Mann als der Heilige Nepomuk.
- Johannes von Pomuk arbeitete im 14. Jahrhundert als Generalvikar in Böhmen. Und geriet in die machtpolitischen Auseinandersetzungen zwischen seinem Erzbischof und König Wenzel. Letzterer ließ ihn kurzerhand foltern und von der Karlsbrücke in die Moldau stoßen – die übliche Todesstrafe jener Zeit für Geistliche.
- Den Leichnam sollen fünf Flammen umweht haben, so die Legende. Das spiegelt sich in der einzigartigen Architektur der Wallfahrtskirche für den Heiligen wider: Die eigentliche Kirche ist fünfsternig, fünf dreieckige Kapellen in der Umfassung wechseln mit fünf ovalen ab, die Anlage ist über fünf Eingänge erreichbar. Fünf Engel umfliegen den Hauptaltar, drei von ihnen halten das Firmament mit fünf Sternen. Übrigens: Um die Kirche weithin sichtbar zu machen, wurde der gesamte Hügel schon im 18. Jahrhundert gerodet.

Stern, auf den ich schaue

Kirche Nossa Senhora da Imaculada Conceição | Panjim

- **Indien, Asien**
- **Denomination:** Römisch-katholische Kirche

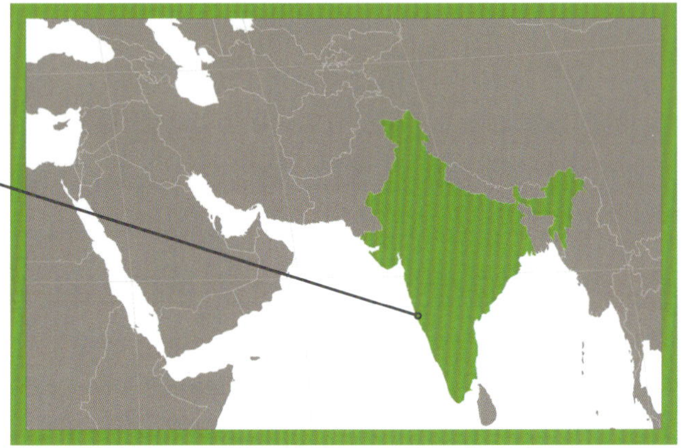

Koordinaten:
15°29'54"Nord
73°49'46"Ost

- 16. Jahrhundert n. Chr.: Die Portugiesen legten aufgrund geschickter Politik zahlreiche Handelsstützpunkte um Afrika und den indischen Ozean an. So umgingen sie das Monopol der Muslime auf begehrte Gewürze und deren Kontrolle bestimmter Handelsrouten. Goa mit seiner Hauptstadt Panjim zählte Mitte des Jahrhunderts bereits 10.000 Katholiken, die aus Ehen portugiesischer Seefahrer und Händler, Garnisonssoldaten und Abenteurer mit indischen Frauen hervorgegangen sind.
- 1609 wurde die prachtvolle Kirche mit dem zungenbrechenden Namen »Unserer Lieben Frau von der Unbefleckten Empfängnis« auf einem kleinen Hügel inmitten der Stadt errichtet. Sie strahlt bis heute in gleißendem Weiß – Symbol der Jungfräulichkeit – und versetzt die Besucher mit ihren Verzierungen zurück in die Kolonialzeit mit ihrem Glanz und Elend.

Freitreppe zum Himmel

Sankt Nikolaus Kirche | Kalyazin

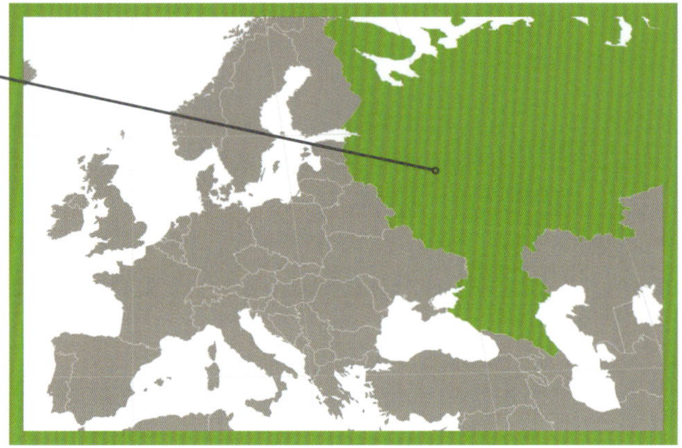

- **Russland, Europa**
- **Denomination:** Russisch-orthodoxe Kirche

Koordinaten:
57°14'37"Nord
37°51'26"Ost

- Für Touristen ist er ein weithin sichtbares Ausflugsziel auf dem Uglitscher Stausee, rund 150 km nördlich von Moskau. Aber auch Gläubige rudern zu der kleinen Anlegestelle am Glockenturm der ehemaligen Sankt Nikolaus Kirche und feiern regelmäßig die »göttliche Liturgie«. Im letzten Jahrhundert drohte der 74 m hohe Turm, sich zur Seite zu neigen – darauf stützte man das Fundament neu ab.
- Großes hatte Stalin seiner Meinung nach vor, als er in den 40er Jahren die Wolga künstlich aufstauen ließ, einen Stausee anlegte, um Wasserkraftwerke zu errichten. Dabei versank ein Teil der Stadt Kalyazin in den Fluten, die Sankt Nikolaus Kathedrale von 1694 wurde abgetragen ebenso wie 530 Holzhäuser, der Glockenturm aber blieb stehen. Er fungierte fortan als Leuchtturm für die Fluss-Schiffahrt.

Leuchtfeuer im Abendlicht

Kapelle Nossa Senhora da Piedade | Pedra de Lume

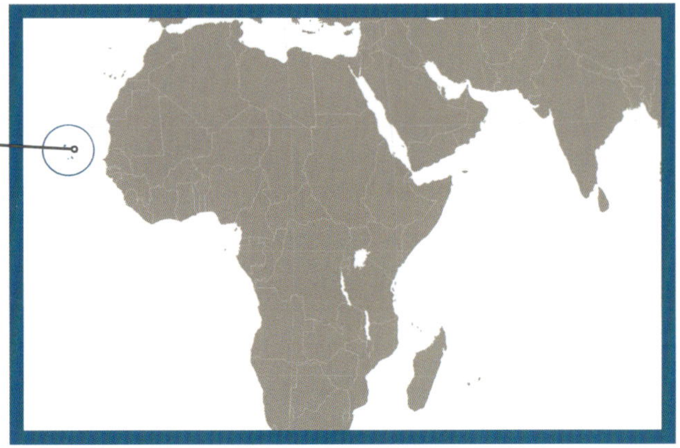

- **Kap Verde, Afrika**
- **Denomination:** Römisch-katholische Kirche

Koordinaten:
16°45'50"Nord
22°53'34"West

- Der Kopf eines Nikolaus hängt an der Tür. Das scheint der einzige Hinweis auf Leben rund um die kleine Kirche zu sein. Der Schein trügt nur zum Teil: Gerade einmal 500 Einwohner zählt das Dorf Pedra de Lume, zu deutsch »Feuerstein«.
- Das war einmal anders: Denn die Inseln sind vulkanischen Ursprungs, gleich nebenan erstreckt sich der größte Krater der Region. Da sein Inneres tiefer als der Meeresspiegel liegt, strömt beständig Salzwasser durch das poröse Lavagestein und bildet so eine natürliche Saline. So lieferte die Salzgewinnung über lange Zeiträume ein gutes Auskommen für die Menschen des Dorfes.
- Heute leben sie vom Fischfang und vom langsam aufblühenden Tourismus. Ob Besucher nach einem Bad im Kratergrund, nach Dusche und Café auch an der Kirche »zu Unserer lieben Frau der Barmherzigkeit« vorbeischauen?

Gottesdienst in der Einöde

Straßen-Kapelle | Bsharri-Baalbek

- **Libanon, Naher Osten**
- **Denomination:** unbekannt

Koordinaten:
34°13'57"Nord
36°03'56"Ost

- Baalbek ist weltberühmt: Besucher bestaunen eine der größten Tempelanlagen des antiken Rom, insbesondere den gut erhaltenen Jupitertempel, geweiht dem Chef-Gott im römischen Götterhimmel.
- Mit welch gewaltigem Aufwand die Römer die Verehrung ihrer Götter betrieben, belegt auch der sog. Stein des Südens – einer der größten Monolithen mit 20 m Länge und einem geschätzten Gewicht von 1.000 Tonnen. Er sollte mit zwei anderen beim Bau des Jupitertempels Verwendung finden, wurde aber nie aus dem Steinbruch herausbewegt.
- Wie klein nimmt sich heute das Kirchlein an der Straße nach Baalbek aus, an dem die Touristen vorbeifahren! Und doch erzählt es im Stillen: Jupiter, du bist abgewählt, ein anderer hat die Herzen der Menschen gewonnen.

Auf dem Weg zu Jupiter

Holy Trinity Monastery | Jordanville

- USA, Nordamerika
- Denomination: Russisch-orthodoxe Kirche

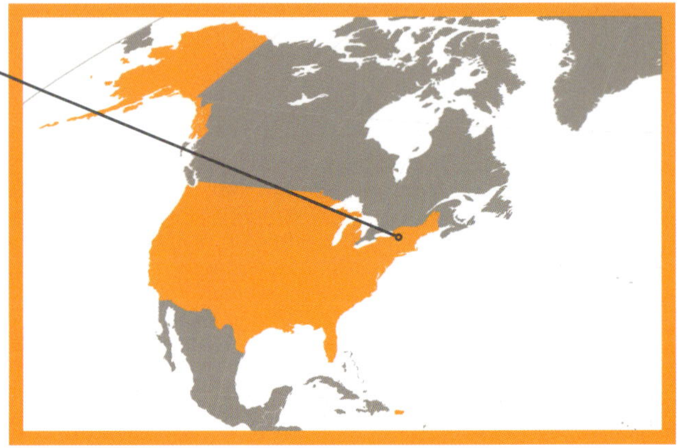

Koordinaten:
42°55'39"Nord
74°56'02"West

- Zwei russische Nordamerika-Einwanderer, Hieromonk Panteleimon und Ivan Kolos, suchten eine neue Heimat für ihr mönchisches Lebensideal. Für 25 USD kauften sie 1930 eine Farm im Bundesstaat New York. Der Alltag war hart: Sie besaßen ein Pferd und eine Kuh und verwendeten anstelle eines Ofens heiße Steine, um ihr Essen zu kochen. Bald stieß ein weiterer Mönch zu ihnen, ein gelernter Zimmermann: Der Bau einer Kapelle begann. 1935 wurde das neue Gebäude mit einem Gottesdienst eingeweiht. Doch die Gläubigen hatten die Kirchenbänke noch nicht verlassen, als sich Brandgeruch verbreitete – die Kirche brannte vollständig ab.
- Die Mönche ließen sich nicht entmutigen, begannen zügig mit dem Neubau. Nach dem 2. Weltkrieg stießen flüchtende Brüder aus Europa zu der kleinen Gemeinschaft, brachten eine Druckerei mit und viel Tatkraft. Es wurden Ländereien erworben, Schriften verkauft, Viehwirtschaft betrieben. Heute zählt das Kloster 41 Gebäude, einen Verlag, eine Buchhandlung sowie eine international agierende Ikonen-Malwerkstatt.

Verschachtelt

Kirche Mariä Himmelfahrt | Bled

- **Slowenien, Europa**
- **Denomination:** Römisch-katholische Kirche

Koordinaten:
46°21'49"Nord
14°05'25"Ost

- Peltnas nennt man die kleinen traditionellen Holzboote, mit denen die Besucher zur Insel-Kirche gelangen. Lediglich 18 Familien besitzen seit dem 14. Jahrhundert das Recht, Pilger und Gläubige, heute meist Touristen, zum Eiland zu fahren.
- Es ist vielleicht nicht die besondere Architektur des Gotteshauses, die anlockt. Sicherlich auch nicht die 99-Stufen-Treppe, die man zum Eingang erklimmen muss. Und dennoch verkündet eine Tourismus-Seite selbstbewusst: »Bled ist das Wahrzeichen der Schönheit Sloweniens.« Vor traumhafter Bergkulisse auf der einzigen Insel des Landes gelegen, genießt das barocke Gebäude einen hohen Bekanntheitsgrad.
- Besonders bei Brautpaaren. Der Legende nach verschwand um 1500 Burgherr Hartman von Kreigh spurlos. Seine trauernde Witwe Polixena sammelt all ihr Geschmeide zusammen und ließ daraus eine Gedenk-Glocke für die kleine Kirche gießen. Unglücklicherweise brachte ein Unwetter das Boot bei der Überführung derselben zum Kentern – die Glocke versank im See. Als der Papst von ihrer traurigen Geschichte erfuhr, gab er eine neue in Auftrag. Sie bringt heute Glück, wer sie dreimal läutet.

Berühmt für zwei Glocken

Mor-Mattai-Kloster | Bartella

- **Irak, Asien**
- **Denomination:** Syrisch-orthodoxe Kirche

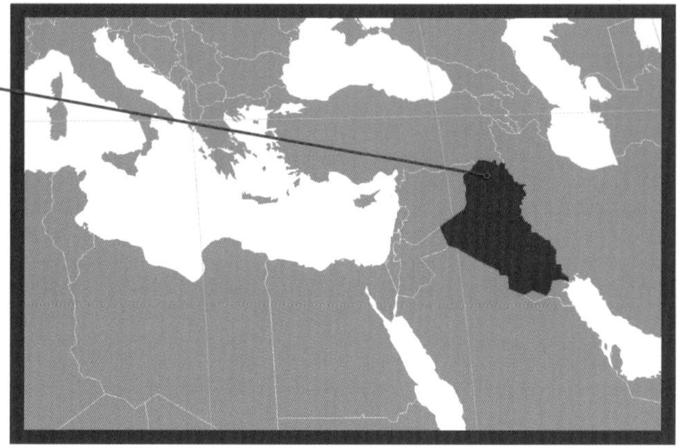

Koordinaten:
36°29'24"Nord
43°26'34"Ost

- Das uralte Kloster Mor Mattai ist mit dem Thema »Flucht« eng verbunden. Matti, syrisch für Matthäus, musste im Jahr 363 aus dem Gebiet der heutigen Türkei flüchten. Er kam hier, etwas nördlich von Mossul, in einer kleinen syrisch-christlichen Gemeinde unter – und prägte sie nachhaltig. Das Kloster entstand. Damit haben wir es mit einem der weltweit ältesten Kirchengebäude überhaupt zu tun. Das belegt auch die umfangreiche und wertvolle Manuskript-Sammlung syrisch-christlicher Ausrichtung.
- Heute sind Christen wieder auf der Flucht. Die Frontlinie zu den marodierenden IS-Kämpfern verlief wenige Kilometer südlich, von kurdischen Peschmerga erfolgreich verteidigt. Dennoch flohen nach Schätzungen 17.000 Christen allein aus dem nahe gelegenen Ninive-Tal. Das Kloster hat vorläufig überlebt.

Vom Alter gezeichnet

Bambuskirche | Pereira

- **Kolumbien, Südamerika**
- **Denomination:** Römisch-katholische Kirche

Koordinaten:
04°48'50"Nord
75°41'58"West

- Schon 1906 wogte die Erde und ließ die Kirche »Nuestra Señora de la Pobreza« in Pereira vollständig einstürzen. Beim nachfolgenden Bauwerk war man umsichtiger: Es erhielt eine Holzdachkonstruktion aus etwa 13.500 Einzelteilen, die möglichen Erschütterungen besser standhalten sollte.
- Das schwere Erdbeben von 1999 gab den Konstrukteuren recht. Dennoch konnte das Gotteshaus drei Jahre lang wegen der Renovierungsarbeiten nicht benutzt werden. Was sollte man tun?
- Da gab es den begnadeten kolumbianischen Architekten Simón Vélez, der weltweit als »Papst der Bambusarchitektur« bekannt war. Prompt errichtete dieser Papst eine Bambuskirche, wie man sie noch nie gesehen hatte. Und auch nicht mehr sehen kann: Sie war nur ein Provisorium und musste einem Einkaufszentrum weichen.

Nur für kurze Zeit

Kloster von Ostrog

- **Montenegro, Europa**
- **Denomination:** Serbisch-orthodoxe Kirche

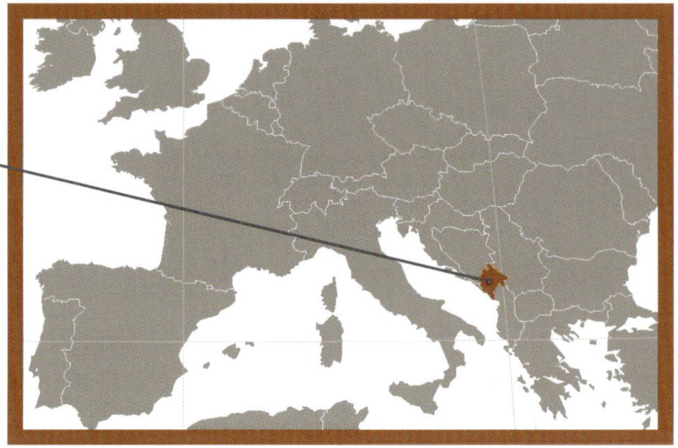

Koordinaten:
42°40'30"Nord
19°01'45"Ost

- In steilen Kehren zieht sich die enge Bergstraße bis zum Höhlen-Kloster empor. Früher erstiegen die Pilger barfuß den Steilhang. Sie wollten zum Heiligen Vasilije, der hier begraben liegt. Er soll schon zu Lebzeiten ein untadeliges und menschenfreundliches Leben geführt haben, weswegen er bis heute sogar von den muslimischen Mitbürgern Montenegros hoch verehrt wird.
- Die abgeschiedene Lage in 900 m Höhe brachte Vor- und Nachteile. So wurde das Kloster mehrfach zum Versteck Verfolgter. Sowohl hohe Militärs, der Patriarch der Kirche als auch der König von Jugoslawien suchten im 2. Weltkrieg hier kurzfristig Zuflucht vor den Nazis. Doch die Gestapo machte vor den Klostermauern nicht Halt – Teile des Staatsschatzes, Münzgold und Bargeld fielen ihnen in die Hände – der König war glücklicherweise längst außer Landes.
- Der Komplex besteht aus zwei Teilen, einem oberen und einem unteren, und nutzt zwei natürliche Höhlen in der Felswand. Fresken-Künstler haben in beiden Kirch-Räumen die Bilder direkt auf den nackten Stein aufgetragen.

In den Felsen geschmiegt

Kirche Nuestra Señora de los Dolores | Mancha Blanca

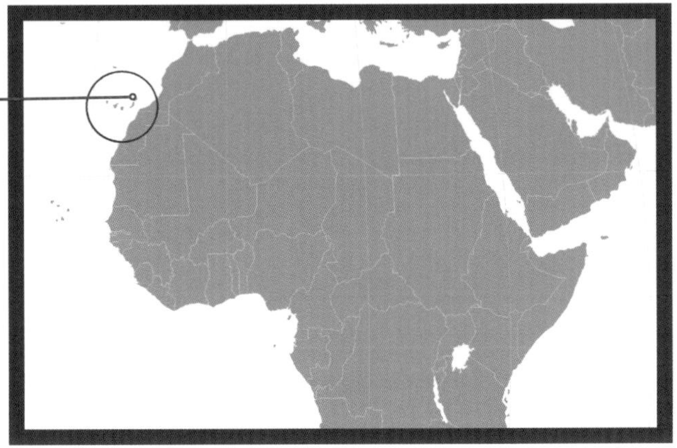

- **Lanzarote / Spanien, Afrika**
- **Denomination:** Römisch-katholische Kirche

Koordinaten:
29°02'37"Nord
13°40'57"West

- Lanzarote ist die nördlichste der kanarischen Inseln vor der Westküste Afrikas. Über 100 große und kleine Vulkankegel prägen mit ihren Lava-Wüsten das Eiland, sie gehören zu den Hot-Spots der Erde. Am 1. September 1730 öffnete sich eine Spalte, Magma trat in großen Mengen aus, begleitet von Beben. 6 Jahre dauerten die Eruptionen, ca. 5 Kubik-Kilometer an vernichtender heißer Lava verwüsteten große Teile der Insel.
- Nicht aber das kleine Dörfchen Mancha Blanca. Wie durch Wunderhand bog der Lavastrom kurz vor dem Dorf ab – für die Bauern des Dorfes ein klarer Fall: Sie hatten die Statue der Schutzheiligen »Virgen de los Dolores« aus der Kirche des Nachbarortes herangeschleppt und geschworen, im Falle der Verschonung eine Kirche zu errichten.
- Die Heilige, Schutzpatronin von Lanzarote, heißt seitdem auch »Virgen de los Volcanes«, zu deutsch »Unsere Liebe Frau von den Vulkanen«. Ihre schmucke Wallfahrtskirche in typisch kanarischem Stil steht jeder Besucherin und jedem Besucher offen.

Auf heißem Boden

Himmelfahrts-Kirche | Kolomenskoje

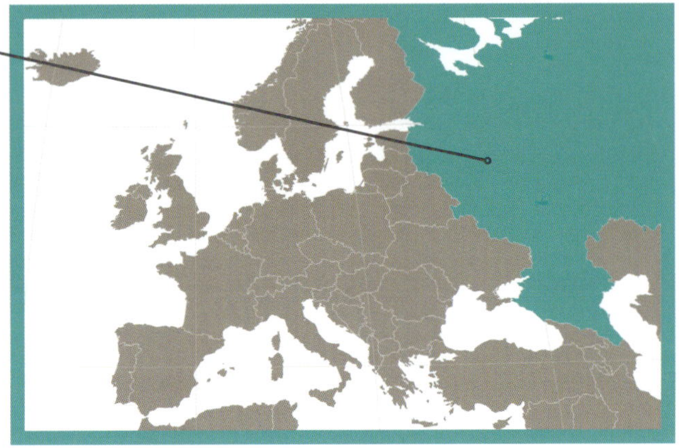

- Russland, Europa
- Denomination: Russisch-orthodoxe Kirche

Koordinaten:
55°40'03"Nord
37°40'15"Ost

- Eine so schöne und ungewöhnliche Kirche bringt man schlecht mit dem Namen »Iwan der Schreckliche« zusammen. Aber es war ja auch dessen Vater, der den Bau 1532 anlässlich der Geburt seines Sohnes errichten ließ.
- Ungewöhnlich für die damalige Zeit war das »Zeltdach« aus Stein. Und: Gotteshäuser bis dahin hatten 5 Kuppeln, nicht nur eine. Der Name, Himmelfahrts-Kirche, passt allerdings hervorragend zu diesem Sakralbau auf einem Hügel ganz in der Nähe Moskaus. Er gehört zu einem Komplex von Gebäuden, die fortan als Sommerresidenz der Zarenfamilie dienten.
- Der erste Zar Russlands war eben jener Iwan der Schreckliche. Begeistert soll der cholerische Herrscher den von ihm selbst inszenierten Hinrichtungen und Folterungen ihm unliebsamer Kritiker beigewohnt haben. Geschichten dazu, ob erfunden oder real, gibt es zahlreiche, der Beiname ist wohl begründet.

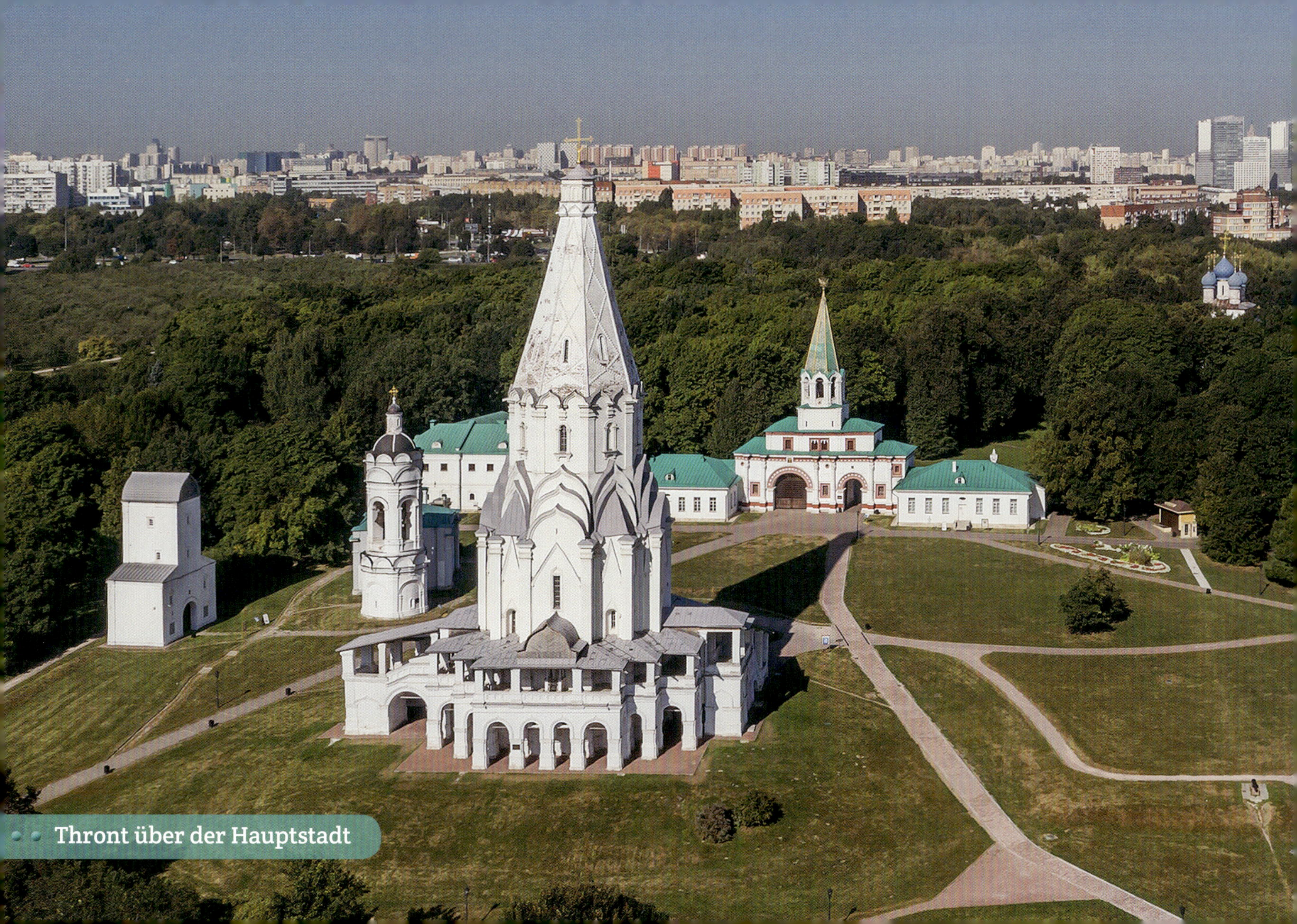

Thront über der Hauptstadt

Kirche Panagia Kera | Kritsa

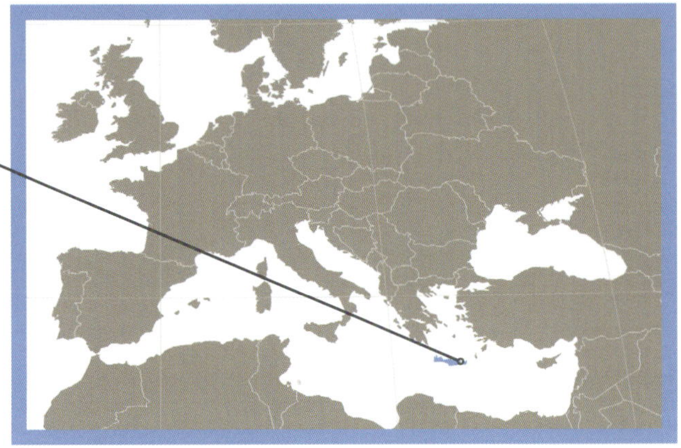

- Kreta / Griechenland, Europa
- Denomination: Griechisch-orthodoxe Kirche

Koordinaten:
35°09'24"Nord
25°39'19"Ost

- Der 4. Kreuzzug war gerade vorbei, da kaufte 1204 die Republik Venedig die Insel Kreta, die für die nächsten 450 Jahre zur wichtigsten Kolonie des italienischen Stadtstaates wurde. Die Kreter wehrten sich zwar in 10 Aufständen, doch vergeblich: 4.000 Venezianer besiedelten das Eiland und prägten es nachhaltig.
- Auch architektonisch. Die kleine Kirche »Panagia Kera« – »Allerheilige Herrin« – wurde in dieser Zeit errichtet, zwar griechisch-orthodox vom Ritus her, aber die Kuppel in der Mitte zeigt den venetianischen Einfluss.
- Drei niedrige Kirchen-Schiffe, der heiligen Anna, der heiligen Maria in der Mitte und dem heiligen Antonius gewidmet und von drei verschiedenen Familien gestiftet, werden von massiven Stützmauern gehalten. Das ist auch gut so, denn die Statik der Gewölbe käme ohne sie nicht aus. Ein Besuch lohnt auf alle Fälle: Das gedrungene Kirchlein birgt die wohl schönste Freskenmalerei von ganz Kreta, eine wahre Bilderflut.

Mancher muss den Kopf einziehen

Kathedrale Nuestra Señora del Carmen | Barquisimeto

- Venezuela, Südamerika
- Denomination: Römisch-katholische Kirche

Koordinaten:
10°04'25"Nord
69°19'17"West

- Venezuela ist zurzeit der Staat mit den größten bekannten Erdölvorkommen. Das führte schon in den 70er Jahren des letzten Jahrhunderts dazu, dass das Land eines der wohlhabendsten in Südamerika war. Doch 1983 brach der Ölpreis ein. Seitdem kommt Venezuela nicht aus den Negativ-Schlagzeilen: Massenproteste, Putschversuche, Mangelernährung, Fluchtwellen.
- Die außergewöhnliche Kathedrale in Barquisimeto, mit knapp 1 Mill. Einwohnern viertgrößte Stadt des Landes, entstand 1968 zur Zeit des Ölbooms, kaum 10 Jahre nach Einführung der Demokratie. Sie ist auch heute noch berühmt für ihre mutige Architektur.
- Wie eine umgedrehte Blume breitet sie ihre Blütenblätter in alle Richtungen aus – eine gewagte Konstruktion, ein Netz aus gespannten Stahlseilen, die Acrylpaneele tragen. Von innen wie von außen ein Lichtblick.

Der Natur abgeschaut

Kloster Sucevita

- **Rumänien, Europa**
- **Denomination:** Rumänisch-orthodoxe Kirche

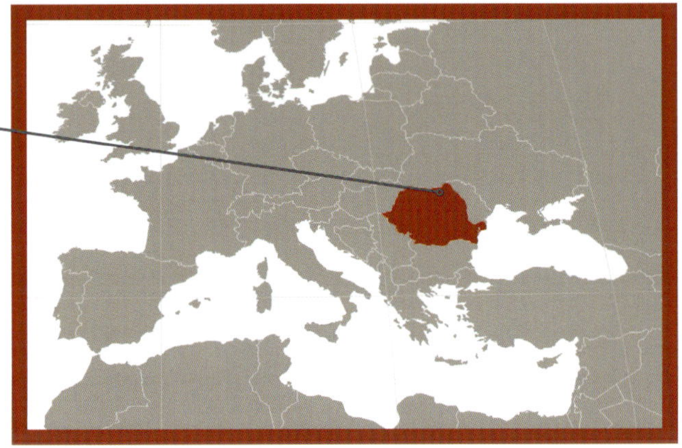

Koordinaten:
47°46'41"Nord
25°42'40"Ost

- Jesus lehnt sich weit aus dem Fenster. Auf den vollständig erhaltenen Wandmalereien der Klosterkirche Sucevita entdeckt der neugierige Betrachter eine Leiter zum Himmel. Oben eine Heerschar von Engeln, unten kleine gehörnte Teufelchen. Auf den Sprossen, jede mit einer Tugend beschriftet, mühen sich Mönche, Jesus entgegen. Die »Nächstenliebe« steht ganz oben, kurz vor dem Fenster zum Paradies.
- Die Fresken sind deshalb so wunderbar erhalten, weil eine massive Wehrmauer samt Türmen das Kloster umgibt und schützt. Es wurde Ende des 16. Jahrhunderts errichtet und ist bis heute ein sehr lebendiger Ort des Glaubens: Nonnen pflegen die Anlage, bieten Ikonen, Stickereien und Bücher an, Touristen aus aller Welt bestaunen Kirche und Bilder.
- Übrigens: Das Bild vom »Jüngsten Gericht« blieb unvollendet: Der Maler fiel vom Gerüst und verstarb. Hoffentlich konnte er auf der anderen Seite der Kirche die Leiter zum Paradies leichtfüßig erklimmen.

Wie ein Bilderbuch

Sameba-Kirche | Tiflis

- **Georgien, Eurasien**
- Denomination: Georgisch-orthodoxe Apostelkirche

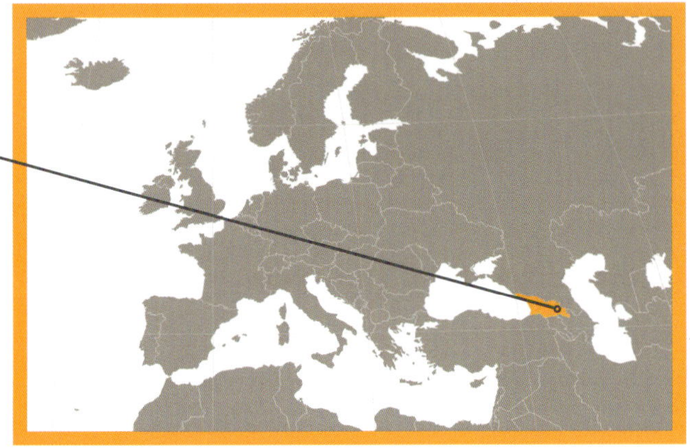

Koordinaten:
41°41'51"Nord
44°48'60"Ost

- Sie gilt als dritthöchste Kirche in der orthodoxen Welt – die Dreifaltigkeitskirche in Georgiens Hauptstadt Tiflis.
- 1996 begann man mit dem Bau, fünf Jahre nach der Unabhängigkeit des Landes von der zerfallenden Sowjetunion. Aus allen Heiligtümern der Umgebung wurden Steine ins Fundament gelegt, man schaffte Erde aus Jerusalem herbei, wohlhabende Bürger spendeten und ließen ihre Namen einmeißeln. Doch nur durch den Oligarchen Bidsina Iwanischwili konnte die Fertigstellung finanziell gesichert werden.
- Wo man sich auch aufhält in der Stadt: Der Blick wird immer wieder auf die Sameba-Kirche gelenkt – bei Tag wie bei Nacht.

Leuchtende Baukunst

Kirche der Geburt der Heiligen Mutter Gottes | Nyschnij Werbisch

- **Ukraine, Europa**
- **Denomination:** Ukrainisch-orthodoxe Kirche

Koordinaten:
48°29'55"Nord
25°00'41"Ost

- Huzulen nennt sich ein Bergvolk der Karpaten, das im Grenzgebiet zwischen Polen, der Ukraine und Rumänien lebt. Die Bedeutung des Namens ist unklar, er kann so etwas wie »Räuber« oder auch »Nomade« bedeuten.
- So verwundert es nicht, dass der Legende nach ein ehemaliger »Räuber« als Wiedergutmachung für seine Diebstähle die kleine Huzul-Kirche in Nyschnij Werbisch errichten ließ.
- Huzul-Kirchen sind unter den Dächern vollständig aus Holz mit traditionell weit überstehenden drei oder fünf Kuppeln über einem kreuzförmigen Grundriss. Das schützt vor den Regen- und Schneefällen in den Karpaten und ahmt ein wenig die Bergwelt nach, die Heimat dieser einzigartigen Block-Baukunst ist.

Pfeiler zum Himmel

Metropolitan-Kathedrale | Liverpool

- Vereinigtes Königreich, Europa
- Denomination: Römisch-katholische Kirche

Koordinaten:
53°24'19"Nord
02°58'05"West

- Wer hat die Größte im ganzen Land? Seit König Heinrich VIII im 16. Jahrhundert waren sich Anglikaner und Katholiken spinnefeind. Doch die Hungersnot in Irland brachte es mit sich, dass tausende katholische Iren nach England auswanderten – ein Bistum wurde eingerichtet.
- Anfang des 20. Jahrhunderts bauten die Anglikaner eine respektable Kathedrale. Das konnte der katholische Bischof nicht auf sich sitzen lassen und beauftragte ebenfalls einen Kirchbau. Nach dem Willen des Architekten wäre es die zweitgrößte Kathedrale weltweit mit der größten Kuppel geworden, die bis dahin errichtet wurde.
- Der Grundstein wurde gelegt, die Krypta vollendet – und dann ging der Kirche das Geld aus. Erst 30 Jahre später, nach neuen Entwürfen und Reform-Ideen, entstand die moderne, der Dornenkrone Jesu nachempfundene Kathedrale, deren leuchtende Fenster heute bestaunt werden können.

Ein Juwel der Stadt

Methodisten-Kirche | Bodie

- **USA, Nordamerika**
- **Denomination:** Methodistische Kirche

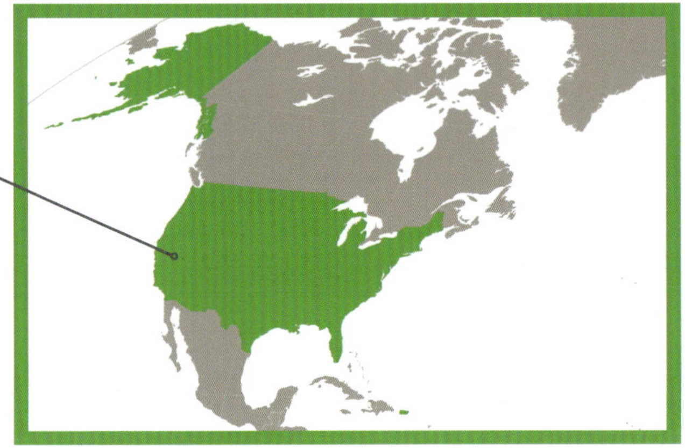

Koordinaten:
38°12'44"Nord
119°00'19"West

- William S. Bodey fand 1859 Gold in der Sierra Nevada, kam jedoch ein Jahr später vermutlich bei einem Schneesturm ums Leben. Doch seine Familie war – wie so viele damals – vom Goldfieber gepackt und gründete die Goldgräberstadt Bodie.
- Tatsächlich fand sich eine profitable Ader, in kurzer Zeit strömten 10.000 neue Bewohner in die Gegend. Ein Ort wie aus einem Western mit 65 Saloons, Bordellen, Chinesenviertel, Kirchen und taoistischem Tempel wuchs in den Wüstenstaub, sein Ruf war nicht der beste: »Goodbye God, I'm going to Bodie!« – »Auf Wiedersehen Gott, ich ziehe nach Bodie!« schrieb ein Mädchen in sein Tagebuch, als es hierher umziehen musste.
- Der Rausch verflog genauso schnell, wie er gekommen war, die Minen gaben das begehrte Erz nicht mehr her. Heute ist Bodie eine von vielen ghost cities in Nord-Amerika, menschenleer und dem schleichenden Verfall preisgegeben. Die Methodisten-Kirche hat sich bisher tapfer dagegen gewehrt.

Von Gold nichts zu sehen

Auferstehungskathedrale | Korca

- **Albanien, Europa**
- **Denomination:** Albanisch-orthodoxe Kirche

Koordinaten:
40°36'57"Nord
20°46'51"Ost

- Ein Gotteshaus Auferstehungskirche zu nennen, hat in Albanien, so könnte man sagen, eine doppelte Bedeutung. Natürlich ist die Auferstehung Jesu gemeint, doch nach der bewegten Geschichte des Landes gilt der Neubeginn des Lebens auch für die Kirche selbst.
- 1967 erklärten die Kommunisten Albanien zum »atheistischen Staat« und verboten jegliche Religionsausübung. Gotteshäuser wurden abgerissen, so auch der Vorgängerbau der Kathedrale in Korca. Erst im Dezember 1990 wurde das Religionsverbot aufgehoben, nachdem die kommunistische Diktatur gestürzt worden war. Mit Hilfe des benachbarten Griechenland konnte mit dem Neubau einer orthodoxen Kirche begonnen werden.
- Über 50 % der Bevölkerung sind muslimisch. Und das Zusammenleben funktioniert gut: Religiöse Feste werden gemeinsam begangen, Ehen zwischen Konfessionen und Religionen sind problemlos. Wer würde sich nicht gern in einer solchen erhabenen Kathedrale trauen lassen!

Ein roter Teppich für die Gläubigen

Uchimura Kanzo Memorial Kirche | Karuizawa

- Japan, Asien
- Denomination: keiner offiziellen Kirche zugehörig

Koordinaten:
36°21'24"Nord
138°35'14"Ost

- Uchimura Kanzo, 1861 als Sohn einer Samurai-Familie geboren, lernte früh den christlichen Glauben kennen. Eine spätere Reise in die USA überzeugte ihn jedoch davon, dass asiatische Lebensweisen den westlichen Werten überlegen sind. So könnte man ihn heute als christlichen Philantropen und Pazifisten bezeichnen.
- Der amerikanische Architekt Kendrick Bangs Kellogg entwarf, fasziniert von den Überzeugungen Kanzos, diese ungewöhnliche Gedächtnis-Kirche, in der sich heute Hochzeitspaare aus ganz Japan im Halbstundentakt das Ja-Wort geben.
- »Organische Architektur« nennen die Fachleute diese Art: Materialien aus der Region, Vorbilder aus der Natur. Die Kapelle steht in waldreicher Gegend und versucht, sich dem anzupassen: niedrig, einer spirituellen Höhle ähnlich, mit Fenstern zwischen den Steinbögen, die das natürliche Tageslicht in den Innenraum fließen lassen. Viel Grün innen wie außen.

Gewölbe im Wald

Perynsky-Kloster | Novgorod

- **Russland, Europa**
- Denomination: Russisch-orthodoxe Kirche

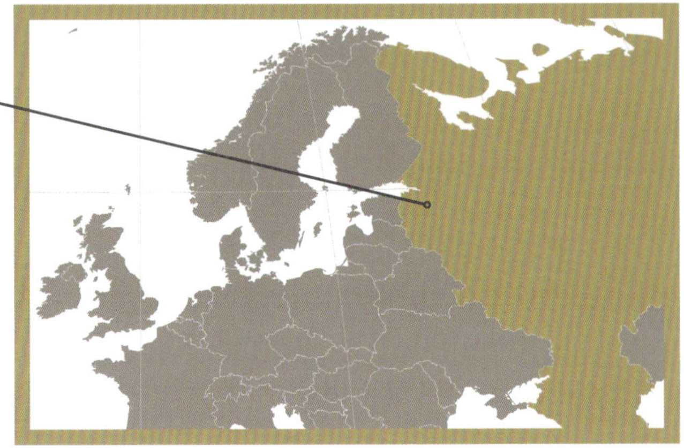

Koordinaten:
58°28'22"Nord
31°16'25"Ost

- Auf der Halbinsel Peryn am Ufer des Ilmensees trafen sich schon vor Urzeiten Menschen, um ihren Glauben auszudrücken. Auf einer runden Plattform fanden Archäologen eine Grube mit Spuren eines Baumes, vermutlich ein hölzernes Idol.
- Erst im Jahr 989 n.Chr. konnte das Christentum hier Fuß fassen. In der Folgezeit entstanden Klöster und Kirchen, das hölzerne »Götzenbild« wurde überbaut, damit es in Vergessenheit geriet.
- Die »Kirche der Geburt der Jungfrau Maria«, wie sie offiziell heißt, ist eine der kleinsten in Novgorod und zugleich eine der ältesten in Russland überhaupt. Auffallend: der Halbmond unter dem Kreuz – Hinweis auf das friedliche Zusammentreffen von Islam und Christentum in alter Zeit? Nein, der Halbmond ist ein stilisierter Weinstock, häufiges Bild in biblischen Geschichten und Symbol für Jesus (»Ich bin der Weinstock, ihr seid die Reben«, Johannes-Evangelium 15,5).

Ein weißer Ruhepol

Kirche San Michele | Murato

- **Korsika / Frankreich, Europa**
- **Denomination:** Römisch-katholische Kirche

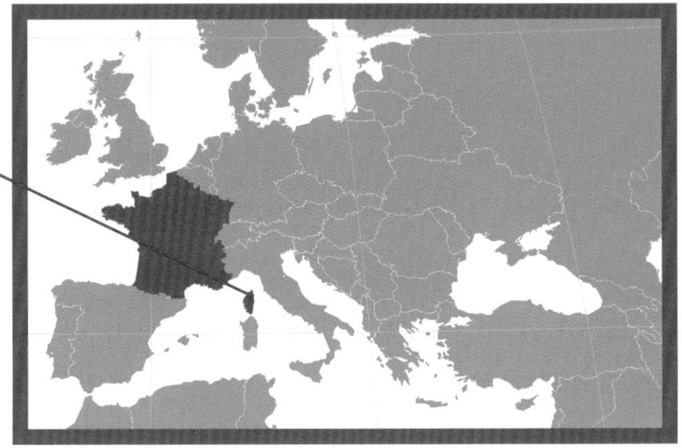

Koordinaten:
42°35'10"Nord
09°20'01"Ost

- Romanische Kirchen sind häufig bekannt für ihre Schlichtheit. Ganz anders die Kirche San Michele im Norden der korsischen Insel. Was das Kirchlein so besonders macht, sind die bunten Steine, aus denen sie erbaut wurde. Wie im Schachbrett wechseln weiße und graugrüne Blöcke aus Kalk- und Serpentinstein. Dazwischen finden sich Bändermuster. Der Turm ruht auf zwei kräftigen Säulen über dem Eingang und das schon seit über 700 Jahren.
- Wer genau hinschaut, entdeckt außerdem eine Fülle an kleinen figürlichen Darstellungen: Weinlaub und Trauben, Schlangen, Vögel, Sterne und Geflechtornamente stehen neben Engeln, Blumengirlanden und zähnefletschenden Tieren – eine Fülle, die in dieser Art selten so gut erhalten ist wie hier.
- Zu Recht gilt daher San Michele als die besterhaltene romanische Kirche Korsikas.

Schlankes Monument

Kirche Santo Tomas de Villanueva | Miagao

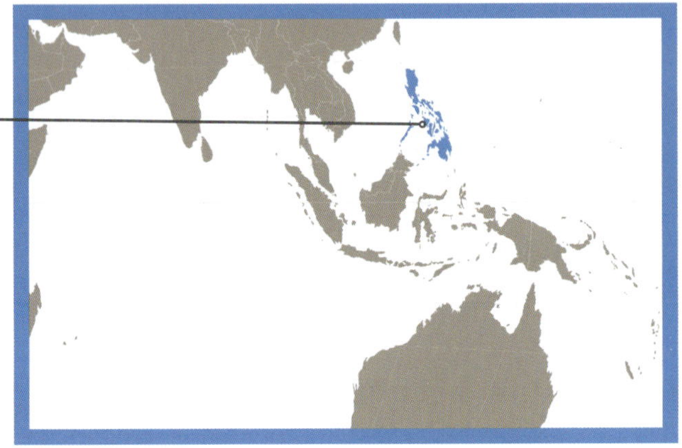

- **Philippinen, Asien**
- **Denomination:** Römisch-katholische Kirche

Koordinaten:
10°38'31"Nord
122°14'08"Ost

- Eine Kirche direkt am Meer? Kostbares im Innern? Das weckt Begehrlichkeiten. Die Menschen des kleinen Dorfes Miagao mussten einen Piratenüberfall nach dem anderen über sich ergehen lassen, zweimal brannte dabei die Kirche ab. Dann änderten sie die Strategie: Das dritte Gotteshaus wurde am höchten Punkt der Gegend errichtet, erhielt 1,5 m mächtige Mauern, ein 6 m tiefes Fundament und zwei wehrhafte Türme, über Jahrhunderte Zufluchtsort in den kriegerischen Auseinandersetzungen zwischen katholischen Spaniern und muslimischen Moros.
- Nicht genug das. Auch von anderer Seite droht dem Bollwerk immer wieder Gefahr: Die Insel Panay wird jährlich von ca. 20 Taifunen heimgesucht, das tropische Klima setzt dem Kalkstein zu, Erdbeben erschüttern die Region. Doch die Kirche trotzt seit über 200 Jahren allen Widrigkeiten.
- Vorn sieht man Christophorus, der das Jesuskind zwischen heimischen Kokos-, Papaya- und Guavensträuchern trägt. Die Spanier zwangen damals einheimische Handwerker, kostenlos 40 Tage lang am Dekor des Sakralbaus mitzuwirken.

Wie gewachsen

Basilika Nuestra Señora de la Altagracia | Higüey

- **Dominikanische Republik, Mittelamerika**
- **Denomination:** Römisch-katholische Kirche

Koordinaten:
18°36'55"Nord
68°42'59"West

- Futuristisch, viel Beton, überdimensional groß – so präsentiert sich die Kirche »Unserer lieben Frau von Altagracia«, eine Kathedrale aus dem Jahr 1971 zu Ehren eines landesweit verehrten Madonnenbildes. Die gesamte Provinz ist nach ihm benannt, die Verehrung des gerade einmal 45 cm großen Standbildes begann bereits im 16. Jahrhundert. Da verwundert es nicht, dass ein Gotteshaus für 3.000 Gläubige entworfen wurde, an zentralem Platz der Stadt.
- Higüey heißt so viel wie »Wo die Sonne aufgeht«, und so reckt sich der große Bogen des Kirchturms dem karibischen Licht entgegen. Zugleich versinnbildlicht die eingewillige Konstruktion die zum Gebet erhobenen Hände der Maria – jedenfalls für den, der viel Phantasie mitbringt. Am Fuße des Bogens rufen 45 Bronzeglocken die Gläubigen zum Gebet. Auch Touristen lassen sich ansprechen.

MARIA GRATIA PLENA DOMINUS TECUM

St.-Johannes-Kathedrale | 's-Hertogenbosch

- **Niederlande, Europa**
- **Denomination:** Römisch-katholische Kirche

Koordinaten:
51°41'17"Nord
05°18'27"Ost

- Irgendetwas ist merkwürdig bei den Größenverhältnissen dieser Aufnahme. Und tatsächlich: Die Kathedrale misst gerade einmal 2,92 m in der Höhe. Selbst wenn man den schützenden Plexiglaszaun entfernt, kann niemand das Gotteshaus betreten.
- Das Modell steht in Den Haag, genauer in Madurodam – ein riesiger Miniaturen-Park, mit dem die Eheleute Maduro das Andenken an ihren im Konzentrationslager Dachau verstorbenen Sohn wachhalten wollten.
- Die »echte« St.-Johannes-Kathedrale gilt als Höhepunkt der Brabanter Gotik. Im April 2011 erhielt sie eine zusätzliche Attraktion: Zu den beachtenswerten 600 Figuren des Gotteshauses gesellte sich die Statue eines Engels in Jeans mit Handy. Ein Hinweisschild verweist auf eine Telefonnummer, unter der man den Boten Gottes anrufen kann. Antwort garantiert.

Gotik im Kleinformat

Italienische Kapelle | Lamb Holm

- **Orkneyinseln / Vereinigtes Königreich, Europa**
- **Denomination:** Römisch-katholische Kirche

Koordinaten:
58°53'24"Nord
02°53'23"West

- Der Erfinder hieß Peter Norman Nissen und war kanadischer Offizier. Als mobile Soldatenunterkunft, Lagerraum oder Gefangenenlager konstruierte er 1916 die nach ihm benannte »Nissen-Hütte«: Wellblech, halbrund und in Fertigbauweise. Bereits nach vier Stunden ist sie einsatzbereit.
- »The Miracle of Camp 60« – »Das Wunder von Camp 60« nannten die italienischen Kriegsgefangenen ihr Gotteshaus. Sie waren während des 2. Weltkrieges von den Briten hoch oben im Norden auf den Orkneyinseln inhaftiert, um Dämme gegen deutsche U-Boote zu errichten. Mit Erlaubnis des Lagerkommandanten bauten sie aus Restmaterialien diesen Zufluchtsort in trister Umgebung.
- Die beiden miteinander verbundenen Nissen-Hütten dienten ihnen als Notkirche. Nach Kriegsende stifteten ehemalige Gefangene 14 Holztafeln mit den Kreuzwegstationen. 1992, 50 Jahre nach Baubeginn, feierten sie hier nochmals eine gemeinsame Messe.

Ringsherum nichts

Kathedrale Sankt-Paul | Abidjan

- **Elfenbeinküste, Afrika**
- **Denomination:** Römisch-katholische Kirche

Koordinaten:
05°19'58"Nord
04°01'12"West

- Vor fast sechs Jahrzehnten, 1960, erwirkte die westafrikanische Elfenbeinküste ihre Unabhängigkeit von der französischen Kolonialmacht. Ihr erster Präsident, Félix Houphouët-Boigny, lenkte die Geschicke des aufstrebenden Landes für 33 Jahre – allerdings nicht gerade in demokratischer Art und Weise. Seit seinem Tod kommt das Land nicht wirklich zur Ruhe. Regelmäßige Auseinandersetzungen konnten zwar dank UNO-Vermittlung immer wieder befriedet werden, die Konflikte, auch zwischen dem eher muslimisch geprägten Norden und dem christlichen Süden, und zwischen verschiedenen Ethnien schwelen aber bis heute.
- Einem Riesen gleich ist die Sankt-Paul Kathedrale in der Küstenstadt Abidjan schon von Weitem zu sehen: Jesus breitet seine Arme aus, lädt ein, segnet. Oder ist es eher ein flehentlich Bittender, der auf Knien liegt, um die Zustände im eigenen Land vor Gott zu beklagen und ihre Besserung zu erhoffen?
- Während der letzten Staatskrise 2010/11 fanden 1.800 Inlandsflüchtlinge im Gotteshaus Zuflucht und erhofften ein Ende des Bürgerkrieges im eigenen Land. Sie haben die Symbolik dieser Kirche aus dem Jahr 1985 für sich verstanden.

Kreuz, Gebet, Segen

Kirchenburg | Viscri

- Rumänien, Europa
- Denomination: Römisch-katholische Kirche

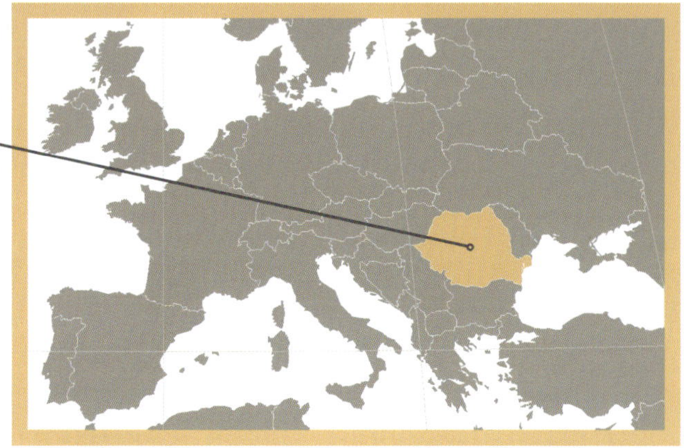

Koordinaten:
46°03'17"Nord
25°05'19"Ost

- 1453 fällt Konstantinopel, das »Ost-Rom«, in die Hände der Türken. Die nun folgenden Türkenkriege ziehen sich, mit kurzen Unterbrechungen von wenigen Jahren, bis 1878 hin. Siebenbürgen, damals zum Vielvölker-Königreich Ungarn gehörig, muss sich wehren.
- Die Dörfer werden regelmäßig von Kampfhandlungen heimgesucht, geplündert und in Brand gesteckt. Räuberbanden wechseln sich mit Soldatenzügen ab. Geld für Stadtmauern hatte man nicht, die Kirche war meist das einzige Gebäude aus Stein. Naheliegend also, an dieser Stelle anzusetzen. Ein Turm wird angebaut, ein Wehrgeschoss oben aufgesetzt, Schießscharten für Bogenschützen werden angebracht. Eine Ringmauer entsteht um die Kirche, weitere Türme, Kampfhäuser, Vorratsräume fügen sich an – und so entwickelte sich nach und nach eine ganze Kirchenburg.
- Es waren westeuropäische Siedler, die das Land in Siebenbürgen in jener Zeit unter den Pflug nahmen, auch viele Deutsche, fromme Männer und Frauen. Nach dem Fall des »Eisernen Vorhangs« zogen die meisten weg. Stiftungen aus verschiedenen Ländern versuchen nun, den Erhalt dieser außergewöhnlichen Dörfer und Gotteshäuser zu sichern, der Tourismus tut das Seine dazu.

Verteidigung des Glaubens

United States Air Force Academy Cadet Chapel | Colorado Springs

- **USA, Nordamerika**
- **Denomination:** diverse

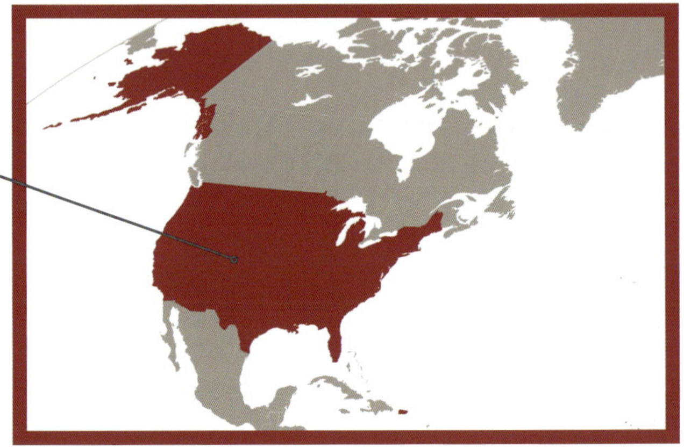

Koordinaten:
39°00'30"Nord
104°53'24"West

- Ohrenbetäubende Flugzeug-Motoren, Uniformen, wohin man schaut, Kampfmaschinen, Kriegsgerät, Flaggen – so könnte man sich eine Air Force Basis der Vereinigten Staaten von Amerika vorstellen. Doch nein, in dieser Akademie der Luftwaffe geht es eher ruhig zu. Knapp 4.000 Absolventen wuseln über die Plätze und Flure, um nach vier Jahren Studium den Grad eines »Bachelor of Science« verliehen zu bekommen – und meist ihr Offizierspatent.
- Mittendrin ein Ort der Stille. Die Kadetten-Kapelle wirkt wie ein senkrecht gestelltes Geschwader, kantiges Metall umhüllt den Sakralbau. Katholisch, evangelisch? Nein, multi-religiös ist das Gotteshaus eingerichtet, oben die große evangelische Kapelle, darunter Gebetsräume für Katholiken ebenso wie für Juden, Muslime und Buddhisten. Und heiraten kann man hier auch, wem's gefällt.

Kalt und kantig

Kirche São João de Brito | Liquiçá

- **Ost-Timor, Asien**
- **Denomination:** Römisch-katholische Kirche

Koordinaten:
08°35'32"Süd
125°19'38"Ost

- Diese schöne Kirche ist leider keine unbekannte. Vor zwei Jahrzehnten, am 30. August 1999, stimmten 78,5 Prozent der Ost-Timoreser in einem von den Vereinten Nationen durchgeführten Referendum für die Loslösung von Indonesien. Indonesisches Militär hatte zusammen mit timoresischen Milizen durch zahlreiche Gewaltakte und Einschüchterungsversuche massiven Druck dagegen ausgeübt.
- In Liquiçá umstellten sie die Ortskirche, in die sich ca. 1.000 Menschen gerettet hatten – und stürmten das Gotteshaus nach gescheiterten Verhandlungen. Wie viele Menschen umkamen, ließ sich im Nachhinein nicht mehr feststellen trotz einer internationalen Untersuchungskommission.
- Heute begehen die Menschen vor Ort jedes Jahr einen Gedenktag. Aber sie haben ihr Gotteshaus renoviert und farbenfroh angestrichen – vielleicht ein Zeichen für eine bessere Gegenwart und Zukunft.

Unter asiatischer Sonne

Kathedrale Christ-Roi de Mushasha | Gitega

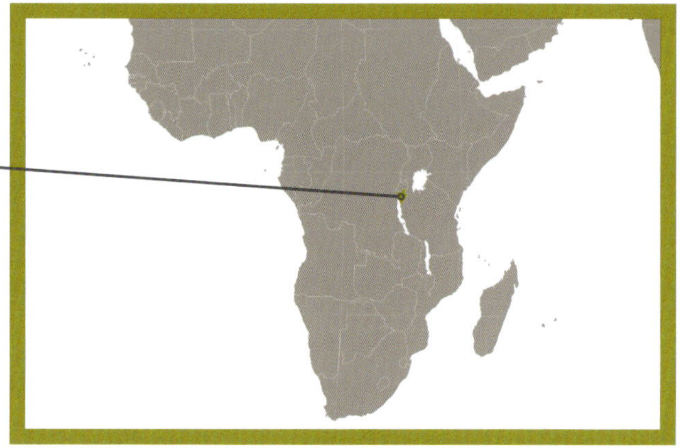

- **Burundi, Afrika**
- **Denomination:** Römisch-katholische Kirche

Koordinaten:
03°26'24"Süd
29°55'59"Ost

- Simon Ntamwanah heißt der Mann, der in der Kathedrale der burundischen Hauptstadt Gitega als Erzbischof die Messe feiert. Bis zu 1.000 Menschen kommen hier sonntags zusammen, singen in bunten festlichen Kleidern, Kinder tanzen mit Schellenkranz. Über drei Stunden kann der Gottesdienst schon mal dauern.
- Einige der Kinder kommen aus dem Waisenhaus, das Ntamwanah eingerichtet hat. 50.000 Waisenkinder fand er in seiner Diözese vor – Folge des jahrzehntelangen mörderischen Konfliktes im Land zwischen rivalisierenden Gruppen. Es gibt kaum eine Familie, die nicht Opfer zu beklagen hat. Die Folge: In einem Index der Welthungerhilfe steht Burundi an letzter Stelle unter 119 Entwicklungsländern.
- Simon Ntamwanah indessen lässt Schulen bauen, fördert Kranken- und Waisenhäuser. Und arbeitet pausenlos für die Versöhnung: »Wer Versöhnung verweigert, lässt sein Herz verwildern«. Er weiß, wovon er spricht, hat er doch dem Mörder seines Vaters vergeben!

Rot wie die Erde Burundis

Basilika Saint-Sernin | Toulouse

- Frankreich, Europa
- Denomination: Römisch-katholische Kirche

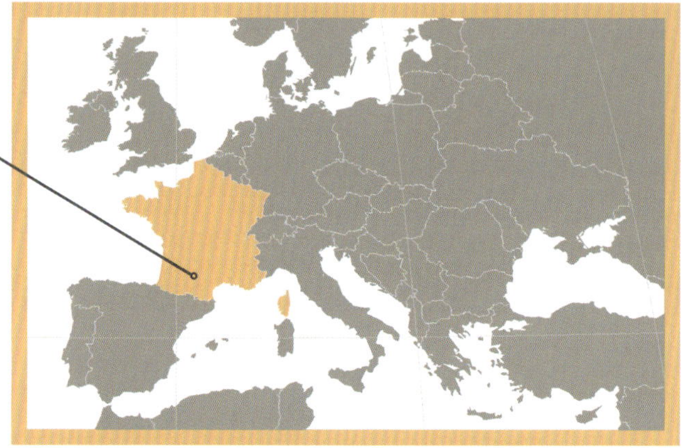

Koordinaten:
43°36'30"Nord
01°26'31"Ost

- Alt ist gar kein Ausdruck. Die Basilika von Toulouse im Süden Frankreichs ist die größte erhaltene romanische Kirche, sie wurde ab 1077 n. Chr. errichtet. Im Abendlicht leuchtet der rote Stein, typisches architektonisches Merkmal der Toulouser Altstadt, genannt »ville rose«.
- Saint-Sernin ist eine gewaltige Pilgerkirche. Denn sie sollte den Strömen frommer Menschen im Hochmittelalter dienen, die sich auf der »Via Tolosana« Richtung Spanien auf den beschwerlichen und gefährlichen Weg machten. Santiago de Compostela war das begehrte Ziel. Der Überlieferung nach liegen hier die Gebeine Jakobus des Älteren, einer der zwölf Jünger Jesu.
- »El camino comienza en tu casa« – »Der Weg beginnt in Deinem Haus«, nach diesem Motto sammelten sich die Pilger in Arles und zogen Richtung Westen. Es entstanden Klöster, Herbergen, Hospitäler, Gasthäuser und Kirchen zur Versorgung der Menschen. Für die Orte entlang der Routen des Jakobsweges bedeutete der Pilgerstrom auch wirtschaftlichen Segen. Wie heute wieder: Im Jahr 2018 waren es 327.000 Pilger.

Offen für müde Pilgerfüße

Kirche Santa Maria di Idris | Matera

- Italien, Europa
- Denomination: Römisch-katholische Kirche

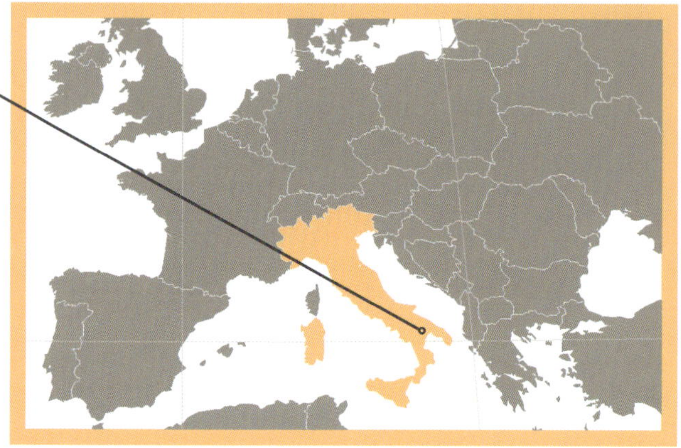

Koordinaten:
40°39'36"Nord
16°36'36"Ost

- An den Hängen einer tief eingeschnittenen Schlucht klebt eine ganze Stadt: Matera. Das Ungewöhnliche: Der Ort ist einer der ältesten der Welt, bestehend aus Hunderten von Wohnhöhlen. Oft sieht man nur eine Front-Wand, das Ein-Zimmer-Haus befindet sich dahinter im Fels. Das weiche Tuff-Gestein erlaubte es, die Höhlen relativ einfach zu erweitern oder zu verbinden. Anbauten kamen hinzu, Zisternen zur Wasserversorgung wurden angelegt. Das Dach des einen ist die Terasse des anderen, unzählige Treppen verbinden die Nachbarn.
- Mönche siedelten sich an und fingen an zu graben, zu hämmern, zu erweitern. Heute zählt Matera ca. 150 Felskirchen und -kirchlein sowie einige »echte« Gotteshäuser wie die Santa Maria di Idris oben auf dem Fels. Einige sind mit Fresken bemalt.
- Bis in die 80er Jahre des letzten Jahrhunderts galten die Wohnhöhlen als unzumutbar, verdreckt und beengt. Sie wurden evakuiert und als Wohnort gesperrt. Erst allmählich renovierte man einzelne Häuser, brachte Touristen hierher und – 1993 nahm die UNESCO Matera und seine Kirchen in die Liste des Weltkulturerbes auf.

Labyrinthisch

Kazchi-Kloster | Kazchi

- **Georgien, Eurasien**
- Denomination: Georgisch-orthodoxe Apostelkirche

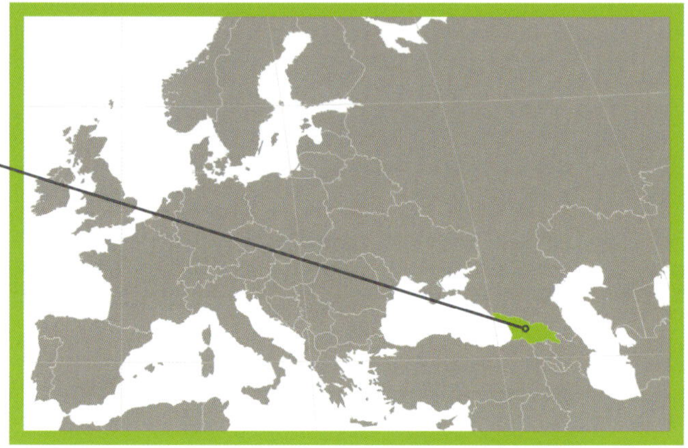

Koordinaten:
42°17'16"Nord
43°12'57"Ost

- Frauen ist der Aufstieg nicht gestattet, Besucher sind aber sowieso nicht erwünscht. Wer trotzdem vorbeischauen möchte, muss eine senkrechte Leiter mit 131 Stufen erklimmen, bevor er dem Einsiedler-Mönch in seiner 40 m über dem Boden befindlichen Zelle einen guten Tag wünschen kann. Er selbst erhält Lebensmittel und Wasser über einen Seilzug.
- Die winzige Klosterkapelle ist gerade mal so groß wie ein Kinderzimmer: 4,5 x 3,5 m – und doch ein nationales Baudenkmal. Seine Ursprünge reichen bis ins 10. Jahrhundert zurück. Auf dem 10 x 15 m kleinen Gipfelplateau finden sich sonst nur noch ein Wohngebäude samt Weinkeller und die Krypta unter der Kapelle.
- »Säule des Lebens« heißt dieser Steinzapfen heute bei den Bewohnern der Provinz Imeretien – und wird von vielen mit dem »Baum des Lebens«, einem Bild für das Kreuz Jesu, in Verbindung gebracht.

Nur für Schwindelfreie

Wallfahrtskirche Maria, Königin des Friedens | Neviges

- Deutschland, Europa
- Denomination: Römisch-katholische Kirche

Koordinaten:
51°18'46"Nord
07°05'15"Ost

- Eine neue Wallfahrtskirche sollte in Neviges im Bistum Köln errichtet werden. Ein Wettbewerb war ausgeschrieben, der Architekt Gottfried Böhm schaffte nur den 2. Platz.
- Erzbischof Frings in Köln aber ließ sich Modelle der Wettbewerbskirchen vorführen – seine Sehkraft ließ zu wünschen übrig. Beim Ertasten des Böhm'schen Entwurfs, der nicht einer Kirche, sondern einer Markthalle ähnelte, bat der Kirchenfürst um einen zweiten, leicht veränderten Wettbewerb. Böhm gewann und erhielt daraufhin den Auftrag zum Bau.
- »Brutalismus« nennt man den Baustil, der in 60er Jahren des letzten Jahrhunderts mehrere Kirchen im deutsch-sprachigen Raum entstehen ließ. Über Geschmack lässt sich streiten, Sehkraft hin oder her – Tausende pilgern jährlich zum Marienstandbild hier in der Nähe von Wuppertal.

Beton zur Ehre Gottes

Kirche Santa María de Loreto | Achao

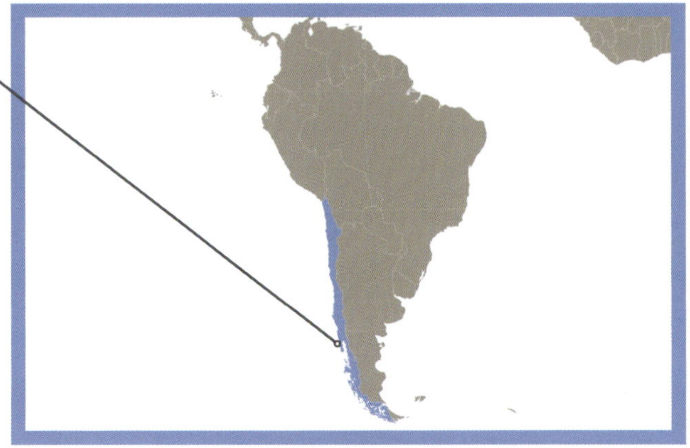

- **Chile, Südamerika**
- Denomination: Römisch-katholische Kirche

Koordinaten:
42°28'18"Süd
73°29'17"West

- Aus gutem Grund gehören die 16 Holzkirchen auf dem Archipel Quinoa vor der Küste Chiles zum Weltkulturerbe. Ihre Architekten waren zumeist Schiffsbauer mit größter handwerklicher Geschicklichkeit. Wer einen Bootskiel baut, kann auch ein Kirchen-Deckengewölbe herstellen, verziert und dekoriert mit liebevollen Details.
- Diese Holzarchitektur könnte wegweisend für uns heute sein: Verwendet wurden ausschließlich heimische Baumarten, für die Achao-Kirche wurde kein einziger Nagel verbraucht, das himmelblaue Innere wurde mit natürlichen Farbstoffen ausgemalt. Eine wirklich nachhaltige Bauweise!

Wie ein umgekehrtes Schiff

St. Ivan Rilski-Kapelle | Livingston

- **Südliche Shetlandinseln, Antarktis**
- **Denomination:** Bulgarisch-orthodoxe Kirche

Koordinaten:
62°38'30"Süd
60°21'47"West

- Es kommt wohl eher selten vor, dass eine Kirche per Schiff transportiert wird. Doch die Einzelteile dieses 3,5 x 3,5 m großen Kirchleins ließen sich am besten an Bord eines spanischen Frachters zu seinem Bestimmungsort bringen.
- In der Antarktis trotzen acht Gotteshäuser, 4 katholische, drei orthodoxe und eine allgemein christliche den widrigen Witterungsbedingungen. Meist stehen sie in Verbindung zu einer der zahlreichen Forschungsstationen aus allen Teilen der Welt.
- Die St. Ivan Rilski-Kapelle, benannt nach dem bulgarischen Schutzpatron Ivan Rilski, hat alles, was eine orthodoxe Kirche braucht: Glocke, Kreuz, Altar und Ikonen – und ist damit das südlichste Sakralgebäude der Welt.

Im Innern verbirgt sich viel Heiligkeit

Presbyterian Church | Stamford

- **USA, Nordamerika**
- **Denomination:** Presbyterianische Kirche

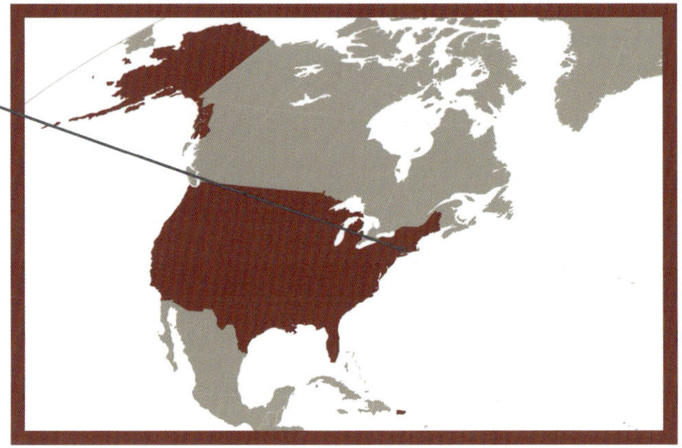

Koordinaten:
41°03'47"Nord
73°32'19"West

- Stamford liegt zwar am Meer, etwas nördlich von New York, aber das ist nicht der Grund, warum die presbyterianische Kirche des Ortes den Spitznamen »Fish Church« hat.
- Der Fisch ist seit alters her ein christliches Symbol. Mal sind es 4.000, mal gar 5.000 hungrige Zuhörer und Zuhörerinnen, die Jesus mit 5 bzw. 7 Broten und 2 Fischen versorgt (Markus 6, Verse 30–44; 8, Verse 1–9). Die einzelnen Buchstaben des griechischen Wortes für Fisch, ICHTHYS, bilden zudem ein Kurzbekenntnis: **I**esous **Ch**ristos **Th**eou **H**yios **S**otér – Jesus Christus, Gottes Sohn, Retter.
- Auf dieser Grundlage entwarf der berühmte Architekt Wallace K. Harrison ein modernes Gotteshaus, dessen Profil von außen und im Grundriss an Fische erinnert. 20.000 leuchtende Glassteine lassen den Innenraum erstrahlen. Und erzählen die Geschichten von Kreuzigung und Auferstehung des Wanderpredigers aus Nazareth.

Ein Gewölbe aus Licht

Tschesmensker Kirche | Sankt Petersburg

- **Russland, Europa**
- Denomination: Russisch-orthodoxe Kirche

Koordinaten:
59°51'24"Nord
30°19'51"Ost

- Hier trifft Europa auf den Orient: Die Tschesmensker Kirche wurde zu Ehren russischer Seeleute errichtet, die 1770 im Krieg gegen das Osmanische Reich mit einem Sieg vom türkischen Chesme nach Hause segelten.
- Das gleiche dachte sich wohl auch der Architekt dieses ungewöhnlichen Gotteshauses, der neugotische Elemente mit orientalischen Mustern verband. So entstand ein rot-weiß gestreifter Sakralbau, den böse Zungen als »überzuckerte Eistüte« bezeichnen – heute ein Magnet für Touristen, die auf dem Platz um die Kirche eine kleine Besichtigungspause einlegen.
- Zu sowjetischen Zeiten diente die Kirche samt nächstgelegenem Palast als Arbeitslager, später übernahm das Institut für Luftfahrttechnik die Gebäude, noch später richtete man ein Museum der Schlacht von Chesme ein. Erst seit 1991 ist die Kirche wieder eine Kirche.

Wie eine Süßigkeit

Zitadelle Qal'at Sim'an

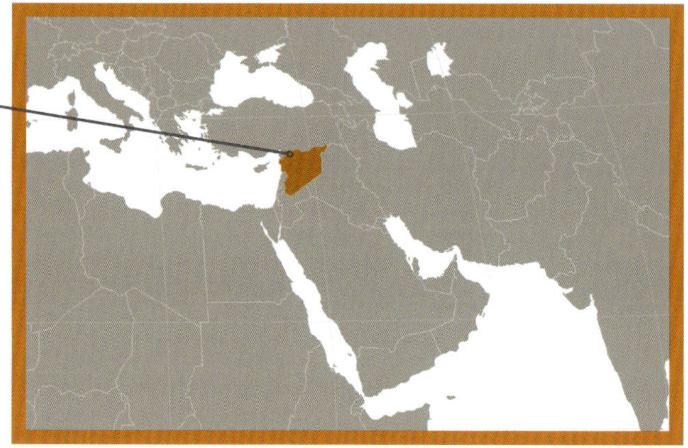

- Syrien, Naher Osten
- Denomination: -

Koordinaten:
36°20'02"Nord
36°50'39"Ost

- Simeon war Schafhirte, lesen konnte er wohl nicht. Doch selbst Kaiser Theodosius II. nahm im 5. Jahrhundert den beschwerlichen Weg auf sich, um bei ihm Rat für die Regentschaft des Oströmischen Reiches zu erbitten.
- Nach einem besonderen Erlebnis trat Simeon in ein Kloster ein, musste es aber nach einigen Jahren verlassen, weil er durch zu extreme Askese in Ungnade gefallen war. Tagelang betete er im Knien, ließ sich der Überlieferung nach für zwei Jahre bis zur Brust in der Erde eingraben. Schließlich reichte ihm eine Säule als Lebensgrundlage.
- Fortan beriet er die wachsende Zahl der zu ihm strömenden Pilger in 18 m Höhe von dieser Säule aus – der erste Stylit der Kirchengeschichte. Bis zu seinem Tod im Jahr 459 n. Chr. hat er sie nicht mehr verlassen.
  Wenig später wurde auf Betreiben des christlichen Kaisers eine achteckige riesige Pilgerkirche drumherum gebaut, deren beeindruckende Reste heute noch zu sehen sind.

Weisheit unter freiem Himmel

Nordlicht-Kathedrale | Alta

- **Norwegen, Europa**
- Denomination: Evangelisch-lutherische Kirche

Koordinaten:
69°57'54"Nord
23°16'00"Ost

- Wellenförmig flirren Nordlichter am Horizont, es sieht zuweilen so aus, als ob eine Spirale kopfüber am Himmel hängt.
- In Alta, nicht weit vom Nordkap entfernt, treffen sie auf eine junge Kathedrale, die ihnen nachempfunden ist. Die hellen Titanplatten der Außenverkleidung leuchten schon von Weitem, an eine Kirche erinnert hier nur das kleine Holzkreuz über dem Eingang.
- In der »Stadt der Nordlichter« steht seit 2013 die »Nordlicht-Kathedrale«: Gotteshaus und Begegnungszentrum zugleich. So verwundert es hier niemanden, wenn unter der goldenen, 7,5 m langen Jakobsleiter im Glockenturm Waffeln genascht werden, Musik-Unterricht stattfindet oder Jugendliche über Computerspiele fachsimpeln.

Offen für alle

Chapel of the Holy Cross | Sedona

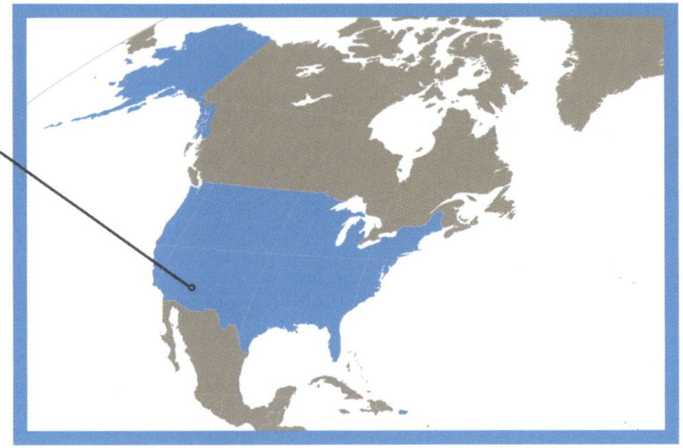

- USA, Nordamerika
- Denomination: Römisch-katholische Kirche

Koordinaten:

34°49'55"Nord
111°46'00"West

- Wer Fan alter Western ist, kennt sie aus über 60 Filmen: die leuchtend roten Felsformationen um Sedona, ein Städtchen in der Mitte von Arizona. 2 bis 3 Millionen Touristen aus aller Welt kommen ihretwegen Jahr für Jahr.
- Schon seit den 50er Jahren des letzten Jahrhunderts zog diese magische Landschaft Maler, Bildhauer und Schriftsteller an. Marguerite Brunswig Staude war eine von ihnen. Nach dem Vorbild des Empire State Buildings ließ sie die »Kapelle des Heiligen Kreuzes« auf einem Felsvorsprung über der Stadt errichten.
- Ihre Vision: Kunst führt die Menschen zu Gott. Entsprechend wurde auch der schlichte Innenraum von Künstlern gestaltet. Die Besucher aber kommen meistens wegen des spektakulären Ausblicks.

Ein Fenster im Fels

Kirche Santa Mónica | Vaciamadrid

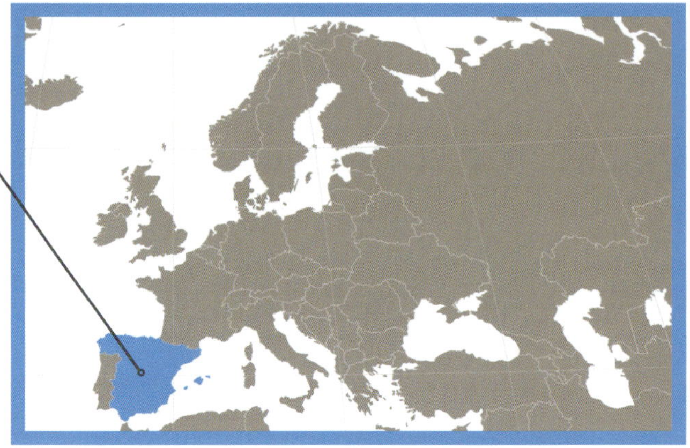

- **Spanien, Europa**
- Denomination: Römisch-katholische Kirche

Koordinaten:
40°21'49"Nord
03°32'33"West

- Viel Platz war nicht vorhanden in diesem Vorort von Madrid, einem der am schnellsten wachsenden Gemeinden der Welt. Modern sollte sie sein, die neue Kirche, die die beiden Architekten Ignacio Vicens y Hualde und José Antonio Ramos Abengózar zum Auftrag erhalten hatten. Und funktional: möglichst großer Altarraum, Büros und zwei Priesterwohnungen mussten untergebracht werden. Schließlich auch noch preiswert, denn der Etat war knapp bemessen.
- Keine leichte Aufgabe. Heraus kam 2008 dieser futuristische Bau aus rostrotem Cortenstahl, innen wie außen eine fantasievolle Welt aus geometrischen Mustern und Licht, ausgestaltet von den besten Sakralkünstlern Spaniens: Man wollte ein Zeichen setzen gegen den umtriebigen Bürgermeister des Ortes, der aus politischen Gründen landesweit für den Austritt aus der katholischen Kirche wirbt.

Schöner Farbkontrast

Mühlenkirche | Veltenhof

- **Deutschland, Europa**
- Denomination: Evangelisch-reformierte Kirche

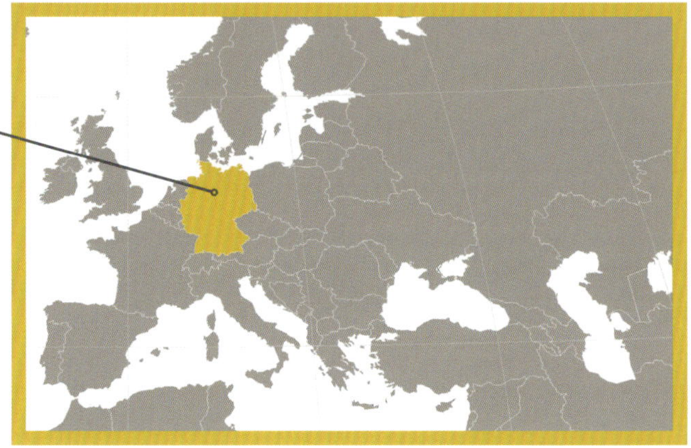

Koordinaten:
52°18'23"Nord
10°29'36"Ost

- Man stelle sich einige Höfe in einer sanften Heidelandschaft nördlich von Braunschweig vor. In diese karge Gegend lässt Herzog Karl I. von Braunschweig-Wolfenbüttel 1749 Bauern aus der Pfalz ansiedeln: Sie sollen Tabak und Wein anbauen. Offensichtlich hatte der Herzog von den klimatischen Voraussetzungen und notwendigen Bodenbeschaffenheiten für diese Kulturpflanzen wenig Ahnung.
- Doch die Bauern kamen – und ernteten Spargel. Das kleine Dörfchen Veltenhof wuchs – und wollte bald auch religiös auf eigenen Beinen stehen. Die vier Kilometer zur Kirche im Nachbarort Ölper waren beschwerlich.
- Da half nur norddeutscher Pragmatismus: Kurzerhand baute man die Holländermühle zum Gotteshaus um, ein Umstand, der sogar im Wappen des Ortes Niederschlag fand.

Rundherum ungewöhnlich

Salzkathedrale | Zipaquirá

- **Kolumbien, Südamerika**
- **Denomination: -**

Koordinaten:
05°01'08"Nord
74°00'34"West

- Der Eingang befindet sich in 2.652 m Höhe, auf der Hochebene nördlich der Hauptstadt Bogota. Alles dreht sich hier um den Salzbergbau, der seit dem 5. Jahrhundert n. Chr. betrieben wurde. Schon das Volk der Chibcha nutzte das Salz als Tauschmittel gegen Gold, lange bevor die Spanier, gierig nach dem legendären »Gold von El Dorado«, die Kulturvölker der Region zerstörten.
- Heute ist das Salzbergwerk Zipaquirá eine der Touristenattraktionen Kolumbiens. Allein in der Osterwoche strömen Tausende aus aller Welt in die Tiefe: Denn die Grubenarbeiter, meist fromme Katholiken, errichteten 80 m unter der Oberfläche eine Kathedrale, die vollständig aus Salzgestein gehauen ist. Für ihre Gebete vor der lebensgefährlichen Arbeit fertigten sie einen Kreuzweg und zahlreiche Heiligenfiguren, etwa die der »Nuestra Señora del Rosario«, Schutzpatronin der Bergleute.
- 250.000 kg Salzgestein mussten aus dem Berg geholt werden, um Raum zu schaffen für die »Catedral de Sal«. Gottesdienste werden hier selten gefeiert und der sie umgebende »Parque de la Sal« zum Salzbergbau ähnelt eher einem Freizeitpark. Doch die Kolumbianer wählten die Kathedrale per Volksentscheid zu ihren 7 neuen Weltwundern.

Illuminierter Glaube

Die Viðimýri-Kirche | Skagarfjördur

- **Island, Europa**
- **Denomination:** Evangelisch-lutherische Kirche

Koordinaten:
65°32'20"Nord
19°28'16"West

- Island ist eine faszinierende Insel mit ihrem rauen Nord-Klima. Holz ist hier Mangelware. Und das winzige Dorf Viðimýri war im Mittelalter mehr ein Gehöft als ein Dorf. Aber eine Kirche wollte man dennoch haben.
- So entschieden sich die ersten isländischen Christen für das Naheliegendste – und bauten ein Gotteshaus aus Torf. Für die Grundmauern verwendeten sie Bruchsteine, für die tragenden Teile sammelte man Treibholz von der Küste bei Skagi. Das grüne Dach und die dicken Torfwände schützen vor Kälte und Nässe und lassen sich nach Belieben erneuern.
- Die heutige Gestalt erhielt das Kirchlein 1834. Sechs Gotteshäuser dieser Art gibt es noch auf der Insel der Vulkane, Geysire und Gletscher.

Sehr umweltfreundlich

Aufblasbare Kirche

- **Niederlande/Deutschland, Europa**
- **Denomination: -**

Koordinaten:
überall

- Nach der feierlichen Trauung in der Ortskirche fährt der Hochzeits-Konvoi zum Haus des Brautpaares – und erlebt eine Überraschung: Im Garten steht noch eine Kirche.
- Wer rosa liebt, ist hier gut aufgehoben. In kürzester Zeit wächst aus einem Kuddelmuddel farbiger Plastikplanen eine vollständige Kirche mit Türmen und Fenstern.
- Nun kann sich bei einer pfiffigen Event-Firma jeder seine ganz eigene Kirche bestellen, zur Hochzeit, zum 50. Geburtstag, fürs Gemeindefest im Grünen oder Schützenfest gleich neben dem Partyzelt. Nur die Pfarrerin ist nicht im Preis inbegriffen.

Die Kirche kommt zu den Menschen

Kirche in Machuca

- **Chile, Südamerika**
- Denomination: Römisch-katholische Kirche

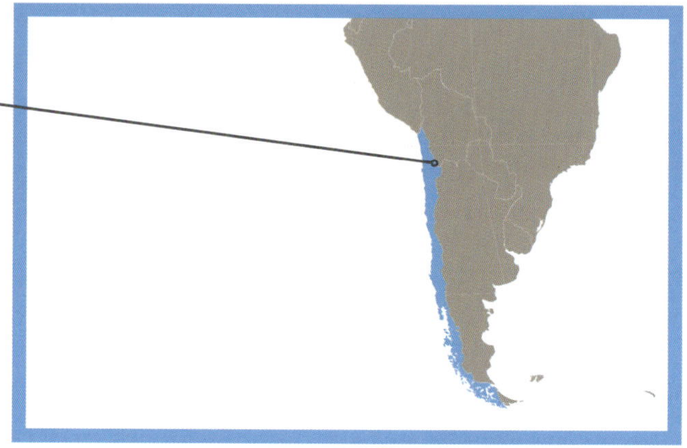

Koordinaten:
22°35'49"Süd
68°03'51"West

- Die Luft ist dünn und trocken, hier in 3.800 m über dem Meeresspiegel, mitten in der Atacama-Wüste. Wer mit dem Reisebus zu den berühmten Tatio-Geysiren unterwegs ist, passiert das winzige Indio-Dorf Machuca. Es zählt gerade mal 20 Häuser und acht dauerhafte Bewohner.
- Köstliche Lamaspieße vom Grill genießt der Tourist hier und kann sich sogar eine der kleinen Hütten mieten. Dann bleibt Zeit für die Besichtigung einer der ältesten Kirchen Chiles, das strohgedeckte und aus Lehm und Kaktusstämmen erbaute Gotteshaus.
- Die Atacameños, eine der indigenen Gemeinschaften des Landes, bauten sie. Sie siedelten hier in den Oasen der Atacama schon vor 11.000 Jahren, lange bevor die Spanier den christlichen Glauben ins Land zwangen.

An einem der einsamsten Orte

Pfarrkirche zum Hl. Andreas Bobola | Milicz

- **Polen, Europa**
- **Denomination:** Römisch-katholische Kirche

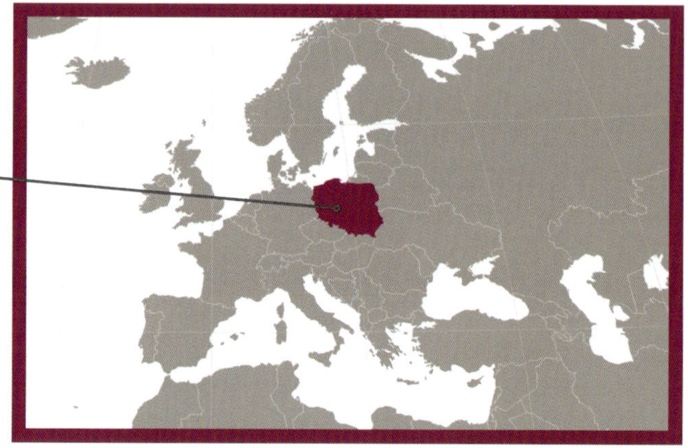

Koordinaten:
51°31'40"Nord
17°16'22"Ost

- Mal evangelisch, mal katholisch. Nach dem Westfälischen Frieden 1618 und der Gegenreformation fielen alle schlesischen Gotteshäuser bis auf drei an die katholische Kirche zurück. Erst 1707 erlaubte der österreichische Kaiser Josef I die Rückgabe einiger Kirchen an die Protestanten und den Bau sog. »Gnadenkirchen«. Dazu gehörte auch die »Kirche zum Heiligen Kreuz« in Milicz mit ihren beachtlichen drei Emporen übereinander. Diese »Gnade« Josefs I ließ sich der Kaiser übrigens sehr gut bezahlen.
- Die sechs neuen Gotteshäuser mussten außerhalb der Städte errichtet werden, möglichst im Grenzgebiet von Schlesien – obwohl die Mehrheit der Bevölkerung evangelisch war.
- 1945 übernahm wiederum die katholische Kirche das Bauwerk und widmete es dem polnischen Heiligen Andrzey Bobola. Heute gehört das Fachwerk-Heiligtum zum Weltkulturerbe.

Ein Stück schlesische Geschichte

Kloster Chor Virap | Artaschat

- **Armenien, Asien**
- Denomination: Armenisch apostolische Kirche

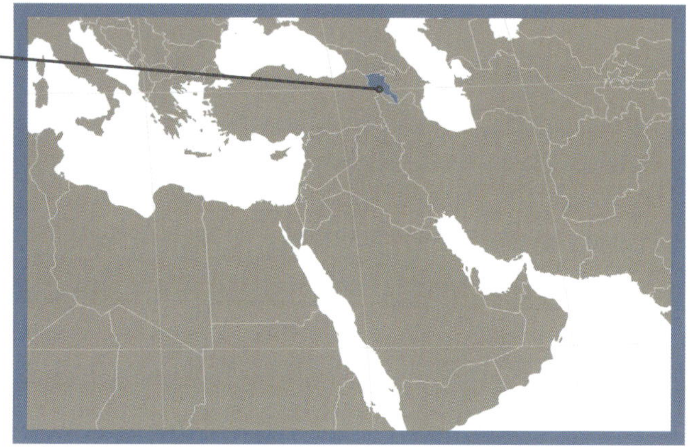

Koordinaten:
39°52'42"Nord
44°34'34"Ost

- Die Landschaft ist atemberaubend. Die gletscherbeschwerten Hänge des Ararat erheben sich 5137 m hoch aus der Ebene. Auf seiner Spitze soll Noah die Arche geparkt haben, nachdem die Wasser sich verlaufen hatten.
- Eine winzige Höhle auf einer Anhöhe davor ist seit Jahrhunderten das Nationalheiligtum der Armenier. Laut den alten Texten warf König Trdat III. »Gregor den Erleuchter« in dieses Loch als Strafe dafür, dass er sich nicht von seinem christlichen Glauben abbringen ließ. Doch statt wie geplant zu verhungern, überlebte Gregor die Gefangenschaft und befreite Jahre später den König von einer gefährlichen Krankheit.
- Die Folge: Die Königsfamilie ließ sich 301 n. Chr. taufen und veranlasste, dass die Armenier als erstes Volk geschlossen zum Christentum übertraten.

Zwei Heiligtümer

Knochen-Kapelle | Faro

- **Portugal, Europa**
- Denomination: Römisch-katholische Kirche

Koordinaten:
37°01'12"Nord
07°56'04"West

- Wer durch den Klostergarten der Karmeliterkirche Nossa Senhora do Carmo dem dezenten Hinweisschild folgt, betritt einen lichtdurchfluteten Raum in heller Farbe, mit einigen Palmen und Topfpflanzen freundlich gestaltet.
- Anfang des 19. Jahrhunderts haben fromme Brüder die Gebeine von ca. 1.000 Mönchen des Karmeliterordens ausgegraben und zur letzten Ruhe in einem Beinhaus umgebettet. Was heutigen Betrachtern makaber vorkommt, hatte für diese Menschen tiefe Symbol- und Mahnkraft: Die Wände der kleinen Kapelle wurden mit den Knochen und Schädeln in großer Ehrfurcht dekoriert.
- »Halte einen Moment inne, und bedenke, dass Du diesen Zustand erreichen wirst« – so der gut gemeinte Spruch über dem Eingang zu dieser ungewöhnlichen Andachtsstätte. Knochenkapellen und Beinhäuser gibt es übrigens an vielen Orten in der christlichen Welt.

Aus Ehrfurcht vor dem Leben

Kirche la Inmaculada Concepción | Santa Cruz

- **Bolivien, Südamerika**
- **Denomination:** Römisch-katholische Kirche

Koordinaten:
16°08'16"Süd
62°01'16"West

- Wir schreiben das Jahr 1752. Die Jesuiten gründen Missionsstationen im Hochland von Bolivien, um indigene Indianerstämme vom christlichen Glauben zu überzeugen.
- Einer von ihnen ist der Schweizer Martin Schmid. Er nutzt seine vielfachen Talente im Dienst für Gott: Er baut eine Schule, schreibt ein Wörterbuch der einheimischen Chiquitanos, unterrichtet sie in handwerklichen Kenntnissen, um anschließend gemeinsam ein Gotteshaus zu erbauen: Zuerst werden Baumstämme drei Meter tief im Boden versenkt, darauf kommt die Dachkonstruktion, erst am Schluss werden die Lehmziegelwände hochgezogen. Abschließend verzieren die Dorfbewohner ihre Kirche in einer Art einzigartigem Barock-Mestizo-Stil.
- Da die Chiquitanos der Musik sehr aufgeschlossen sind, gibt Schmidt außerdem noch Musikunterricht auf selbstgebauten Instrumenten. Bis heute findet alle zwei Jahre ein internationales Musikfestival statt, das sich großer Beliebtheit erfreut.

Weltkulturerbe

Johannes-Kathedrale | Tiruvalla

- **Indien, Asien**
- **Denomination:** Syro-malankara-katholische Kirche

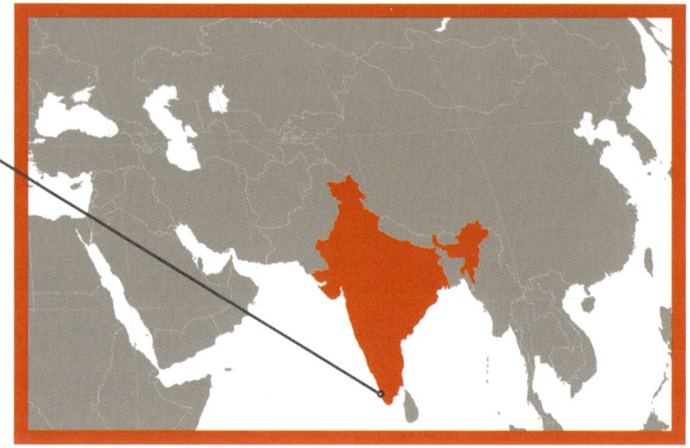

Koordinaten:
09°22'45"Nord
76°34'13"Ost

- Thomaschristen nennen sich die Gläubigen im Südwesten Indiens. Thomas ist einer der zwölf Freunde Jesu. Einer festen Überlieferung nach ging er nach Indien und gewann dort die ersten Christen des Landes.
- Die Geschichte Südindiens ist launisch. Königreiche wechselten, bevor Portugiesen, Niederländer und Briten nacheinander im Mittelalter herrschten – das brachte immer auch kirchliche Auseinandersetzungen mit sich. So entstanden selbstständige Kirchen wie die syro-malankara-katholische, die man im Westen kaum kennt, natürlich auch Katholiken und anglikanische Christen sowie eine kleine Minderheit von Protestanten.
- Die Johannes-Kathedrale ist die vierte Kirche am selben Ort. Sie berücksichtigt typische Stilelemente der Kerala-Region und ähnelt daher eher einem einheimischen Tempel als unserer Vorstellung von einer Kirche.

Kirche unter Palmen

Bet Giyorgis Kirche | Lalibela

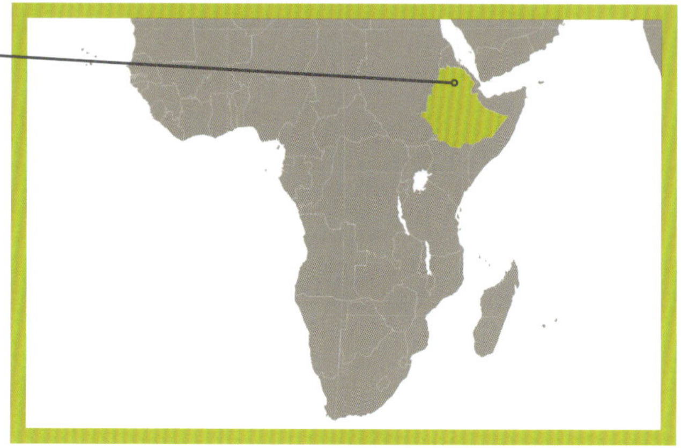

- Äthiopien, Afrika
- Denomination: Äthiopisch-orthodoxe Kirche

Koordinaten:
12°01'56"Nord
39°02'28"Ost

- Die Felsenkirchen von Lalibela in Äthiopien umfassen elf Heiligtümer, die um das Jahr 1250 n. Chr. errichtet wurden. Sie gehören seit 1978 zum UNESCO-Weltkulturerbe.
- Schon immer gab es Verbindungen ins Heilige Land. Man denke nur an den Besuch der Königin von Saba bei König David. Nach der Apostelgeschichte ließ sich der äthiopische Schatzmeister als begeisterter Christ auf dem Heimweg taufen. Doch erst die Brüder Frumentius und Aidesios, überfallen und nach Aksum an den Hof verschleppt, bewirkten, dass die Königsfamilie zum Christentum übertrat: Sie nutzten ihre einflussreiche Funktion als Erzieher des Prinzen.
- Die Kirchen im zentralen Hochland wurden nicht wie üblich erbaut, sondern aus dem nackten Fels herausgehauen. Durch schweißtreibende Handarbeit entstanden so auch Fenster, Türen, Säulen und die z.T. ausgemalten Innenräume. Ein Gewirr an Zeremoniengängen verbindet die Heiligtümer, dazwischen Einsiedeleien und Katakomben.

Irdischer geht nicht

Kirche San Giovanni Battista | Mogno

- **Schweiz, Europa**
- **Denomination:** Römisch-katholische Kirche

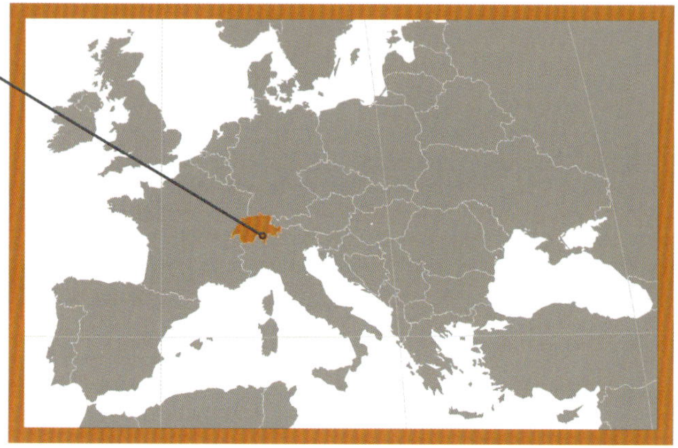

Koordinaten:
46°25'50"Nord
08°39'48"Ost

- Tessin. Wir schreiben das Jahr 1986. Die barocke Dorfkirche von Mogno und viele der alten Häuser aus Bruchstein und dunklen Holzbalken werden von einer Lawine zu Tal gerissen.
- Ein Planungskomitee wagt sich vor: Der Luganer Architekt Mario Botta wird mit dem Neubau eines modernen Gotteshauses in dieser entlegenen Berglandschaft beauftragt – heute touristischer Anziehungspunkt weit über die Landesgrenzen hinaus.
- Turmartig aus Marmor und Gneis, innen rechteckig, obendrauf ein schräges Glasdach, so präsentiert sich das eindrucksvolle Gebäude den Besuchern. Über dem versteckten Eingang errichtet Botta eine treppenförmige Kaskade, über die bei Regen das Wasser abfließt. Innen wird sie als bogenförmige »Himmelsleiter« aufgegriffen.

Zur Ruhe kommen

Strand-Kapelle | Beidaihe

- **China, Asien**
- **Denomination:** keine Angabe

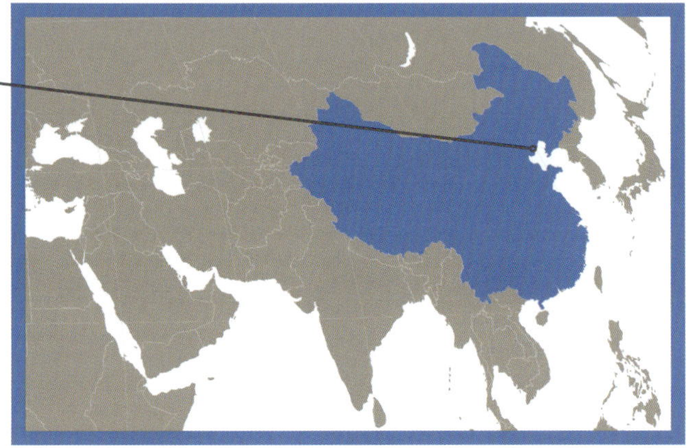

Koordinaten:
39°48'52"Nord
119°28'24"Ost

- Am Strand von Beidaihe verbringen Funktionäre der Kommunistischen Partei gern ihren Bade-Urlaub. Für asiatische Verhältnisse nicht weit von der chinesischen Metropole Beijing entfernt, stolpert man über einen unerwarteten Anblick: eine weiße Kapelle direkt an der Brandung.
- Vom großen Saal, diffus-weiß im Tageslicht, geht der Blick durch ein Aussichtsfenster direkt auf den Golf von Bohai. Wenn die Flut kommt, steht im Untergeschoss das Wasser: Das Ganze gleicht einem Boot, das ziellos umhertreibt.
- Innen ist Raum für 30 Andächtige. Man sitzt zwischen Land und Meer, umgeben von Licht und Rauschen. Wirklich als Kirche wird das Gebäude nicht genutzt, trotz Kreuz in der Deckenwölbung. Fraglich, ob sich ein Genosse jemals hierher verirren wird.

Wie ein weißes Segel

Kirche San Francisco de Asis | Taos

- USA, Nordamerika
- Denomination: Franziskaner, Römisch-katholische Kirche

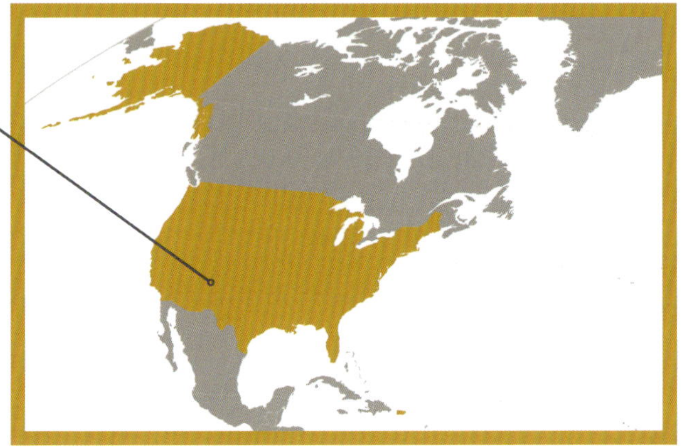

Koordinaten:
36°21'30"Nord
105°36'30"West

- 1,70 m sind sie dick, die Mauern der wehrhaften Kirche im us-amerikanischen Bundesstaat New Mexiko. Die spanische Missionskirche der Franziskaner ist die bedeutendste Adobekirche im Süden der USA. Über 40 Jahre nahm ihre Erbauung am Ende des 18. Jahrhunderts in Anspruch.
- »Adobe« nennt man einen luftgetrockneten Quader aus Lehm, mit den bloßen Händen geformt. Jedes Jahr muss der Verputz gegen den wenigen Regen erneuert werden.
- Die Franziskaner, mit der Indianermission beschäftigt, nutzten die Fähigkeiten der Einheimischen für ihr Heiligtum. Das hielt deren Landsleute nicht davon ab, immer mal wieder die Ortschaft zu überfallen, die ihnen von den Einwanderern und Missionaren genommen worden war.

Aus Lehm – wie Adam und Eva

Flussschifferkirche | Hamburg

- **Deutschland, Europa**
- **Denomination:** Evangelische Kirche

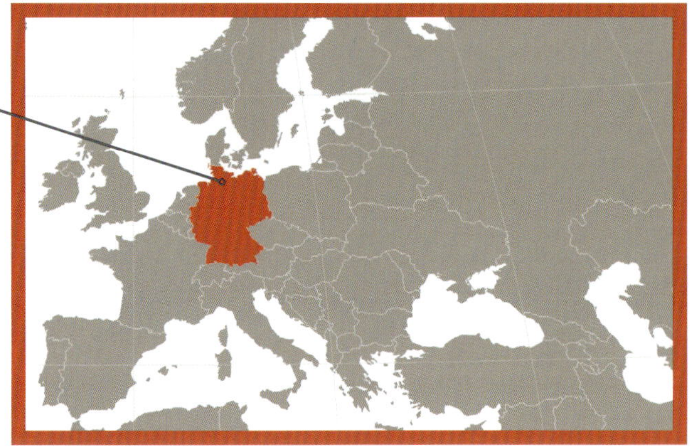

Koordinaten:
53°32'40"Nord
09°59'07"Ost

- Wer eine Hafenrundfahrt unternimmt und zur Speicherstadt einbiegt, kommt an einem unscheinbaren Leichter vorbei und reibt sich verwundert die Augen. In strahlendem Weiß prangt oben nicht etwa eine Flagge, sondern ein Kreuz.
- Wenn Binnenschiffer der Elbe in Hamburg vor Anker gehen, kommen ehrenamtliche Helfer und bringen zur Begrüßung Äpfel, Schokolade und eine Zeitung mit. Natürlich kann man in der schwankenden Kirche auch heiraten oder sich taufen lassen.
- 1906 ist das stolze Geburtsjahr des Schiffes, das Mitte der 60er Jahre in einen Gottesdienstraum umgebaut wurde. Wo früher Getreide oder Kohle geladen war, sitzen heute betend und singend die Gläubigen.

Ein echtes »Kreuz«-Fahrtschiff

Kirche Graha Maria Annai Velangkanni | Medan

- **Indonesien, Asien**
- **Denomination:** Römisch-katholische Kirche

Koordinaten:
03°32'53"Nord
98°36'31"Ost

- »Something Beautiful from God« – »Etwas Schönes von Gott« findet sich in Medan, Hauptstadt der indonesischen Provinz Sumatra Utara. Die Kirche »Unserer Lieben Frau vom Wohlbefinden«, wie man den indonesischen Namen wiedergeben könnte, ist ein Marien-Wallfahrtsort in muslimischem Umfeld aus dem Jahr 2005, ganz im Indo-Mughal-Stil. Dass es sich um eine christliche Kirche handelt, sieht man erst bei genauem Hinsehen.
- Das hat seinen guten Grund. Pater James Barathaputra, Jesuitenpater vor Ort, wollte ein Heiligtum für alle gläubigen Menschen. Katholiken können hier ihren Gottesdienst feiern, aber eingeladen sind Muslime, Hinduisten und Buddhisten gleichermaßen, um »Frieden, Trost, Heilung und Göttlichkeit zu suchen«.
- Das Gotteshaus wurde vollständig über Spenden finanziert, ein begeisterter Architekt half kostenlos bei Planung und Durchführung in durch Erdbeben gefährdetem Gebiet. Ein Student bemalte das Heiligtum innen wie außen, der »Kleine Michelangelo von Medan«, wie Einheimische ihn daraufhin nannten.

Kirche, Tempel, Moschee in eins?

Ice Church | Jukkasjärvi

- **Schweden, Europa**
- **Denomination:** Evangelisch-lutherische Kirche

Koordinaten:
67°50'59"Nord
20°35'40"Ost

- Wenn Christen auf der ganzen Welt im Frühjahr die Auferstehung Jesu von den Toten feiern, kehrt die Eiskirche in den ewigen Kreislauf der Natur zurück: Sie schmilzt und wird mit den Wassern des Torne davongetragen.
- 1990 fand eine Eis-Kunst-Ausstellung in Jukkasjärvi nahe Kiruna statt. Weil nicht genug Hotelbetten in der kleinen Gemeinde zur Verfügung standen, übernachteten spontan einige Besucher in einem künstlerischen Iglu – das Ice Hotel war geboren. Seither arbeiten Jahr für Jahr 50 Künstler mit 900 t Eis und erstellen 100 Zimmer, ein Restaurant, Betten, Schränke und sogar Trinkgläser aus dem glänzenden Nass.
- Die Ice Church gehört zur Kirchengemeinde des Ortes, ist beliebt für Trauungen und Taufen und sieht jedes Jahr anders aus. Die Atmosphäre aus Kälte, Stille und Licht zieht jeden in ihren Bann.

Keine Kirche für die Ewigkeit

Kloster Swjatohirsk

- Ukraine, Europa
- Denomination: Ukrainisch-orthodoxe Kirche

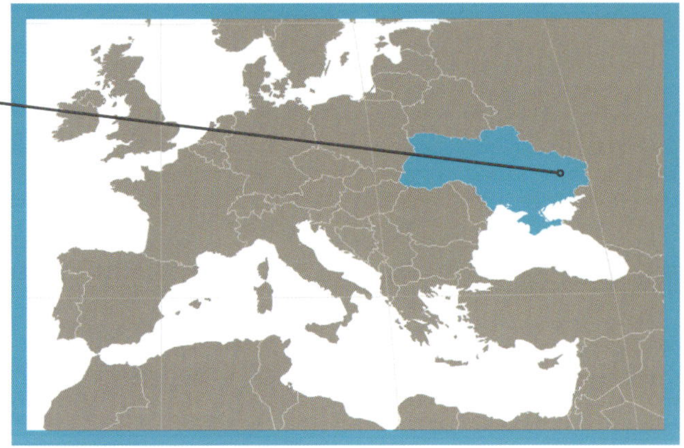

Koordinaten:
49°01'47"Nord
37°34'12"Ost

- »Frieden« ist das große Thema unserer Tage im Kloster Swjatohirsk. Seit 2014 ist der Osten der Ukraine zwischen russischen Separatisten und ukrainischen Regierungstruppen umkämpft. Die Frontlinie verläuft nicht weit von den Klostermauern entfernt. Die Mönche aber nahmen jeden auf, Binnenflüchtlinge und Verletzte. Und versuchen, einen Ort der Verständigung zu leben.
- Es waren wiederum flüchtende Mönche, die das Kloster im 13. Jahrhundert gründeten. Seitdem entwickelte es sich zu einem bedeutenden Zentrum orthodoxer Frömmigkeit. Doch die Politik nahm schon immer Einfluss auf solch ein Zentrum:
- 1787 schloss Katharina II das Kloster, nach Bitten der Landbevölkerung und ihrer Geldspenden wurde es Jahrzehnte später wiedereröffnet. 1922 das gleiche Spiel noch einmal: Der Staat verwandelte die religiöse Stätte in ein Erholungsheim. Erst seit 1992 ist es erneut ein Ort des Gebetes mit wachsender Gemeinschaft.

Gold von oben und unten

Kathedrale Metropolitana de São Sebastião | Rio de Janeiro

- **Brasilien, Südamerika**
- **Denomination:** Römisch-katholische Kirche

Koordinaten:
22°54'39"Süd
43°10'50"West

- Eine Kirche ohne Säulen, aber stattliche 75 m hoch. Sitzplätze für 5.000 Gläubige, Stehplätze für 20.000! 4 gigantische farbensprühende Kirchenfenster, die sich oben in einem Licht-Kreuz verbinden. Eine solch moderne Architektur hatte Brasilien bis zum Jahr 1979 noch nicht gesehen.
- Seine bis heute ungebrochene Wirkung schwankte damals zwischen »genial« und »Betonklotz«. Von außen erinnert der Sakralbau an eine Maya-Pyramide – und so ist es auch von den Architekten gewollt.
- Im Innern staunt der Besucher über Schlichtheit und Farbenpracht zugleich: Gott steigt auf die Erde nieder, symbolisieren die vier Fenster. Bei den Mayas stiegen die Menschen zu den Göttern auf.

Der Blick wird nach oben gezogen

Østerlars Kirche | Bornholm

- Dänemark, Europa
- Denomination: Evangelisch-lutherische Kirche

Koordinaten:
55°10'17"Nord
14°57'42"Ost

- Sie ist nicht groß, aber mit 2,15 m mächtigen Seitenwänden aus Granitblöcken, Kies und Erde eine trutzige Erscheinung, der man ihr Alter ansieht: 1160 n. Chr. wurde die runde Wehrkirche auf der schönen Insel Bornholm errichtet.
- In der Mitte befindet sich ein 6 m starker Mittelpfeiler, der innen hohl ist: Hier steht im Zentrum das Taufbecken.
- Wenden (Slawen) aus dem Elbegebiet, Deutsche und Dänen kämpften um die Vorherrschaft im Ostseeraum, da waren Überfälle an der Tagesordnung. Die Kirche bot dreierlei: militärischen Schutz samt Schießscharten und Aussichtsplattform, Zufluchtsort für Menschen und Getreidespeicher zur Versorgung derselben, Gottesdienstraum für den gelebten Glauben. Ob im bis heute unerforschten, aber durch Messungen nachgewiesenen Hohlraum unter der Kirche der sagenhafte Templerschatz ruht, bleibt ein Geheimnis mit viel Platz für die Phantasie.

Abendsonne über Østerlars

Oruaiti Kapelle | Whangarei

- **Neuseeland, Australien-Ozeanien**
- **Denomination:** keiner offiziellen Kirche zugeordnet

Koordinaten:
35°44'35"Süd
174°16'19"Ost

- Der »Tāne Mahuta« oder »Lord of the Forest«, wie die Maori ihn nennen, ist Neuseelands größter bekannter und noch lebender Kauri-Baum. Bei einem Stamm-Umfang von über 13 Metern wird sein Alter auf 1.500–2.000 Jahre geschätzt. Nach Maori-Glauben ist Tane, der Gott des Waldes, Lebensbringer aller Kreaturen. Wurzeln und Krone des Kauri-Baumes liefern eine feine Maserung, das Holz lässt sich leicht verarbeiten und ist sehr langlebig. Die englischen Siedler im 19. Jahrhundert nutzen es zum Schiffsbau, für Möbel und für ihre Kirche.
- Das winzige Gotteshaus auf dem Gelände des Kiwi North Museums soll aus einem einzigen Stamm gezimmert sein, das ursprünglich Schilf-gedeckte Dach erhielt inzwischen Schindeln. 20 Gläubige finden Platz, damit ist es die kleinste Kirche Neuseelands.
- Das hat Vorteile. 1936 musste sie Straßenbauarbeiten weichen, zehn Jahre später transportierten Methodisten die Kapelle zu ihrem Grundstück in Whangarei, nochmals 30 Jahre danach wurde es dem Museum anvertraut.

Umzugs-Kirche

Salvation Mountain | Calipatria

- **USA, Nordamerika**
- **Denomination:** keine spezielle

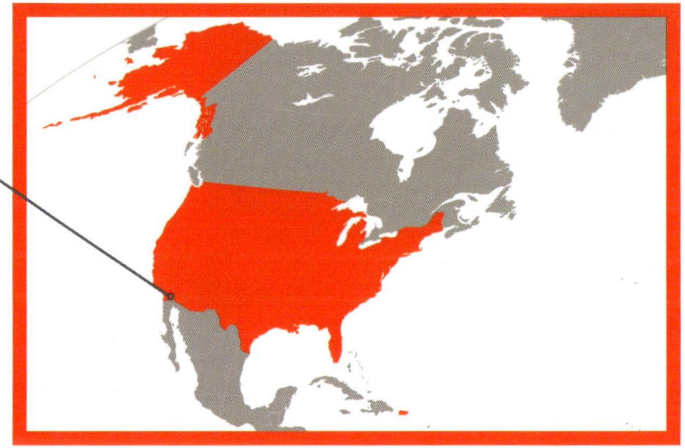

Koordinaten:
33°15' 15"Nord
115°28'21"West

- Leonard Knight lebte in einem alten Truck, ohne fließend Wasser, und war nur auf dem Postweg zu erreichen. Doch er hatte eine Vision und arbeitete an ihr ein Leben lang: GOTT LIEBT ALLE! So entstand der »Salvation Mountain«, zu Deutsch »Heilsberg«.
- Aus Tonnen von Lehm, Stroh und Farbe schuf er dieses Kunstwerk zusammen mit seiner wachsenden Fan-Gemeinde. Heute gehört der Ort zum Nationalen Kulturgut der USA, in seiner Anfangszeit unternahm die Regierung von Kalifornien einige Anstrengungen, das Projekt zu verbieten.
- Der Berg umfasst zahlreiche Wandgemälde und Bereiche, die mit christlichen Sprüchen und Bibelversen bemalt sind. Knight starb 2014. Seitdem bringen Besucher regelmäßig Farbe mit, Freiwillige helfen, das Kunstwerk im rauhen Klima der Wüste zu erhalten.

Im Himmel ist es bunt

Den Tilsandede Kirke | Skagen

- **Dänemark, Europa**
- **Denomination:** Evangelisch-lutherische Kirche

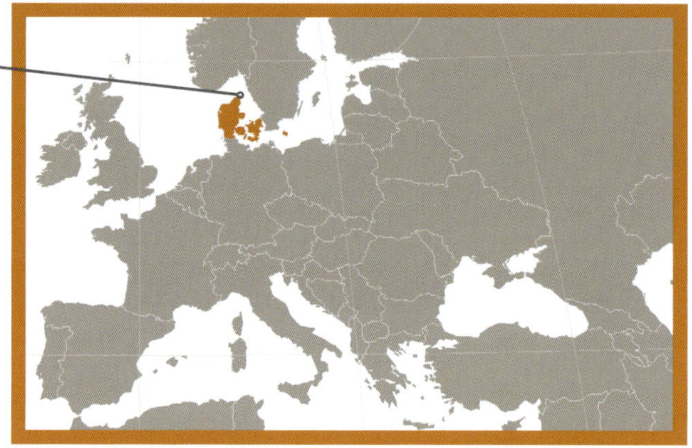

Koordinaten:
57°42'49"Nord
10°33'02"Ost

- Man stelle sich vor: eine liebliche Landschaft mit Äckern und Wiesen, ein beschauliches Dorf, 2.500 brave und weniger brave Bewohner, die mit viel Glaubenseifer ihr Gotteshaus errichten. Die speziellen Backsteine holen sie extra aus den Niederlanden, vielleicht sogar aus Schottland. 400 Jahre lang ziehen sie Sonntag für Sonntag zum Klang der Glocken vor den Altar.
- Doch im Mai 1775 fegt ein heftiger langer Sturm über Skagen. Schon seit Längerem nähern sich von Westen Wanderdünen. Seit dem Sturm ist der Zugang zur Kirche jede Woche mühsam freizuschaufeln: Der ewig rieselnde Sand ist da. Tatsächlich geben die Bewohner nach 4 Jahren Dauerschaufeln den Kampf gegen die Wanderdüne auf.
- Das Kirchenschiff wird abgerissen, der Turm, so befielt es der König, bleibt als Seezeichen für die Schiffe stehen.

Viel besucht und fotografiert

Kathedrale Metropolitana Nossa Senhora Aparecida | Brasilia

- **Brasilien, Südamerika**
- **Denomination:** Römisch-katholische Kirche

Koordinaten:
15°47'54"Süd
47°52'32"West

- 1956 ging es richtig los: Der Architekt Oscar Niemeyer hatte den Auftrag, sämtliche öffentlichen Gebäude der geplanten neuen Hauptstadt Brasilia zu entwerfen und umzusetzen. Das Problem: Die nächste Eisenbahnstation lag 125 Kilometer entfernt, die nächste befestigte Straße 640 Kilometer. Doch die Metropole wurde fertig. Die Beamten konnten allerdings nur unter Androhung von Strafen hierher versetzt werden.
- An der Zentralachse steht kreisrund die Basilika und erinnert an – da gehen die Meinungen auseinander: Soll es die Dornenkrone Jesu sein? Ein Himmelszelt? Das Wasser des Lebens, betende Hände? Der katholische und kommunistische Architekt Niemeyer schwieg sich aus. Beeindruckend ist das Gotteshaus allemal.

Engel schweben durchs Rund

Kapelle in der Veltins-Arena | Gelsenkirchen

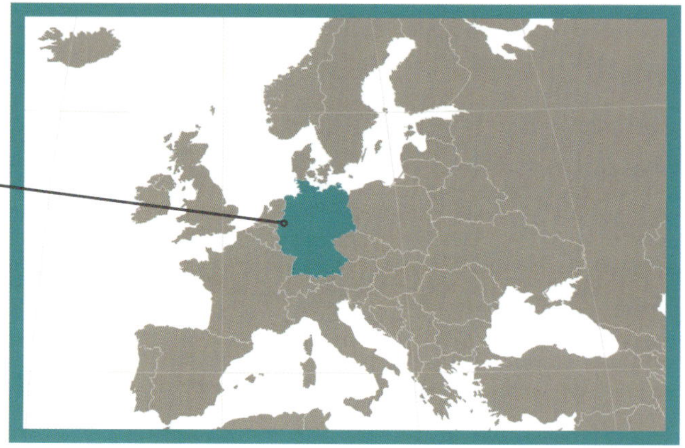

- **Deutschland, Europa**
- **Denomination: Evangelische und Römisch-katholische Kirche**

Koordinaten:
51°33'16"Nord
07°04'04"Ost

- Fassungsvermögen 62.271 Zuschauer, das Dach lässt sich vollständig schließen, der Rasen wird vor jedem Spiel hineingefahren: Die Rede ist von der Arena auf Schalke oder wie sie seit 2005 offiziell heißt: Veltins-Arena. Doch wird hier nicht nur gekickt, Opernsänger finden neben Biathleten einen Platz im Veranstaltungskalender.
- Der Bergbau prägte die Stadt Gelsenkirchen. Einige Jungs aus dem Bergmannsmilieu trafen sich zum Spiel im Hinterhof. Das war 1904. Der Name des Vereins damals: Westfalia Schalke, heute FC Schalke 04. Zwei ihrer Mitglieder hatten englischen Fußball kennengelernt, sie brachten Dribbeln, Täuschen, Freilaufen mit ins Training – die Erfolgsgeschichte des Vereins begann.
- Der FC Schalke 04 war auch der erste Fußball-Verein, der eine eigene Kapelle in seinem Stadion haben wollte. Wer vom Rasen durch den Gang auf Höhe der Mittellinie zu den Kabinen geht, läuft direkt auf sie zu. Man kann sich hier trauen lassen, auch Taufen finden regelmäßig statt.

Der Kohle verbunden

Sankt-Paul-Kirche | Gunupur

- **Indien, Asien**
- **Denomination:** Römisch-katholische Kirche

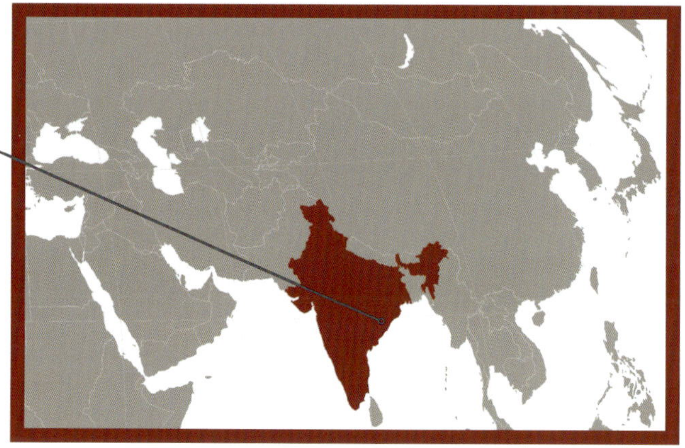

Koordinaten:
19°04'55"Nord
83°48'44"Ost

- Bunt geht es zu auf den Straßen von Gunupur, einer verhältnismäßig kleinen Stadt (68.000 Einwohner) zwischen Wäldern und Hügeln im Osten Indiens. Das liegt nicht nur an den farbenprächtigen Gewändern seiner Bewohnerinnen und Bewohner, sondern auch am knalligen Erscheinungsbild der zahllosen hinduistischen Tempel des Ortes. Einer der kleinsten, der Lord Hanuman Tempel, hat etwa die Größe einer Telefonzelle, die großen wie der Jagannatha Tempel, mit ausladenden Dächern und prächtiger Verzierung an den Türmen, sind von schönen Parks umgeben.
- 96 % der Menschen sind Hindus, nur 2,8 % Christen. Die katholische Sankt-Pauls-Kirche passt sich bescheiden, aber schön ein mit ihrer gelb strahlenden Fassade. Der freundliche Anstrich jedoch täuscht über das ganz und gar nicht gute Miteinander der Religionsgemeinschaften hinweg: Zuletzt 2008 kam es zu grausamen Pogromen gegen die christliche Minderheit, es gab Tote, 4.000 Gebäude wurden Opfer der Flammen, schätzungsweise 50.000 Menschen flohen.

Einladend

Bildnachweis

11 Wallfahrtskirche Zelená Hora | Žďár nad Sázavou: Wolkenkratzer (https://commons.wikimedia.org/wiki/File:KLG_4953_CZ_-Žd'ár_nad_Sázavou,_Wallfahrtskirche_Zelená_Hora.jpg

13 Kirche Nossa Senhora da Imaculada Conceição | Panjim: Abhideo21 (https://commons.wikimedia.org/wiki/File:Church_Of_Our_Lady_Of_The_Immaculate.jpg)

15 Sankt Nikolaus Kirche | Kalyazin: Mikhail Chentsov (https://commons.wikimedia.org/wiki/File:L1210816.jpg)

17 Kapelle Nossa Senhora da Piedade | Pedra de Lume: Montek (https://pl.wikipedia.org/wiki/Plik:Pedredelumechurch.jpg)

19 Straßen-Kapelle | Bsharri-Baalbek: Arian Zwegers (https://commons.wikimedia.org/wiki/File:Bcharré_-_Baalbek,_chapel_(6837539789).jpg)

21 Holy Trinity Monastery | Jordanville: violette (https://commons.wikimedia.org/wiki/File:Ставропигиальный_Свято-Троицкий_Монастырь_(5906177733).jpg

23 Kirche Mariä Himmelfahrt | Bled: brut-carniollus-571374 (unsplash)

25 Mor-Mattai-Kloster | Bartella: Levi Clancy (https://commons.wikimedia.org/wiki/File:Saint_Matthew_Monastery_(Der_Mar_Matti),_overlooking_Bashiqa_and_Bartella,_between_the_Kurdistan_Region_and_Iraq_16.jpg)

27 Bambuskirche | Pereira: Namagool7 (https://commons.wikimedia.org/wiki/File:Spiritualspace.jpg)

29 Kloster von Ostrog: Slawgo (https://commons.wikimedia.org/wiki/Category:Ostrog_Monastery?uselang=de#/media/File:Черногория_-_panoramio.jpg)

31 Kirche Nuestra Señora de los Dolores | Mancha Blanca: H. Zell (https://commons.wikimedia.org/wiki/File:Nuestra_Señora_de_Los_Dolores_-_Mancha_Blanca_-_Lanzarote.JPG)

33 Himmelfahrts-Kirche | Kolomenskoje: A. Savin (https://de.wikipedia.org/wiki/Datei:Moscow_Kolomenskoe_Estate_asv2018-08_img1.jpg)

35 Kirche Panagia Kera | Kritsa: C messier (https://commons.wikimedia.org/wiki/File:Panagia_Kera_2011.jpg)

37 Kathedrale Nuestra Señora del Carmen | Barquisimeto: Rube96Pinto (https://commons.wikimedia.org/wiki/File:Lateral_de_la_Santa_Iglesia_Catedral_Metropolitana,_Catedral_de_Barquisimeto.jpg)

39 Kloster Sucevita: Nicu Farcas (https://commons.wikimedia.org/wiki/File:RO_SV_Biserica_„Învierea_Domnului"_a_mănăstirii_Sucevița.JPG)

41 Sameba-Kirche | Tiflis: Mostafameraji (https://commons.wikimedia.org/wiki/File:Sameba_Cathedral,_Tbilisi_12_کلیسای_سامبا_در_تفلیس_گرجستان.jpg) arabisch

43 Kirche der Geburt der Heiligen Mutter Gottes | Nyschnij Werbisch: Klarqa (https://commons.wikimedia.org/wiki/File:Церква_Різдва_Пресвятої_Богородиці_(Нижній_Вербіж)_-1.jpg)

45 Metropolitan-Kathedrale | Liverpool: Chowells (https://commons.wikimedia.org/wiki/File:Liverpool_Metropolitan_Cathedral_at_dusk_(reduced_grain),_corrected_perspective.jpg)

47 Methodisten-Kirche | Bodie: Jonmallard (https://commons.wikimedia.org/wiki/File:Bodie_California_State_Park_01.jpg)

49 Auferstehungskathedrale | Korca: joepwijsbek (https://commons.wikimedia.org/wiki/File:Katedralja_"Ngjallja_e_Krishtit",_Korçë.jpg)

51 Uchimura Kanzo Memorial Kirche | Karuizawa: © Mikael Olsson

53 Perynsky-Kloster | Novgorod: Belly (https://commons.wikimedia.org/wiki/File:Церковь_Рождества_Пресвятой_Богородицы_в_Перынском_скиту_(1230-1240).jpg)

55 Kirche San Michele | Murato: Sdatrismen (https://commons.wikimedia.org/wiki/File:Eglise_de_Murato_-_Corse_2B.JPG)

57 Kirche Santo Tomas de Villanueva | Miagao: Alienscream (https://commons.wikimedia.org/wiki/File:Miagao_Church.jpg)

59 Basilika Nuestra Señora de la Altagracia | Higüey: Celiovmota (https://commons.wikimedia.org/wiki/File:BasilicaHigüey.jpg)

61 St.-Johannes-Kathedrale | 's-Hertogenbosch: Nikolai Karaneschev (https://commons.wikimedia.org/wiki/File:Den_Haag_-_panoramio_(85).jpg)

63 Italienische Kapelle | Lamb Holm: Joe de Sousa (https://commons.wikimedia.org/wiki/File:The_Italian_Chapel,_Orkney_Islands_(28336349197).jpg)

65 Kathedrale Sankt-Paul | Abidjan: Zenman (https://de.wikipedia.org/wiki/Datei:SaintPaul.JPG)

67 Kirchenburg | Viscri: Vargatamas Photo (https://commons.wikimedia.org/wiki/File:Feheregyhaza2.jpg)

69 United States Air Force Academy Cadet Chapel | Colorado Springs: Carol M. Highsmith's America, Library of Congress, Prints and Photographs Division (https://commons.wikimedia.org/wiki/File:Air_Force_Academy_Chapel,_Colorado_Springs,_CO_04090u_original.jpg)

71 Kirche São João de Brito | Liquiçá: torbenbrinker (https://de.wikipedia.org/wiki/Datei:LiquiçáIgreja1.jpg)

73 Kathedrale Christ-Roi de Mushasha | Gitega: nicht lesbar (https://commons.wikimedia.org/wiki/File:Gitega_Church.JPG)

75 Basilika Saint-Sernin | Toulouse: ZbebVial (https://commons.wikimedia.org/wiki/File:Basilique_Saint-Sernin_de_Toulouse_au_petit_matin_2.jpg)

77 Kirche Santa Maria di Idris | Matera: Gorup de Besanez (https://commons.wikimedia.org/wiki/File:Ita11108_04.jpg)

79 Kazchi-Kloster | Kazchi: Jaba1977 improvements by Giorgi Balakhadze (https://commons.wikimedia.org/wiki/File:Katskhi_Pillar2_(edited).jpg)

81 Wallfahrtskirche Maria, Königin des Friedens | Neviges: seier+seier (https://commons.wikimedia.org/wiki/File:Gottfried_böhm,_pilgrimage_church,_neviges_1963-1972.jpg)

83 Kirche Santa María de Loreto | Achao: Elemaki (https://commons.wikimedia.org/wiki/File:08._Achao,_Isla_de_Quinchao_(48).JPG)

85 St. Ivan Rilski-Kapelle | Livingston: SnowSwan (https://commons.wikimedia.org/wiki/File:St.-Ivan-Rilski-Chapel-New-Building.jpg)

87 Presbyterian Church | Stamford: John9474 (https://commons.wikimedia.org/wiki/File:First_Presbyterian_Church_Interior.jpg)

89 Tschesmensker Kirche | Sankt Petersburg: Ferzen444 (https://commons.wikimedia.org/wiki/File:На_закате_дня.jpg)

91 Zitadelle Qal'at Sim'an: Bernard Gagnon (https://commons.wikimedia.org/wiki/File:Church_of_Saint_Simeon_Stylites_05.jpg)

93 Nordlicht-Kathedrale | Alta: DXR (https://commons.wikimedia.org/wiki/File:Nordlyskatedralen,_Alta,_Northeast_view_20150611_1.jpg)

95 Chapel of the Holy Cross | Sedona: Laika ac (https://commons.wikimedia.org/wiki/File:Church_of_the_Red_Rocks_(25443458001).jpg)

97 Kirche Santa Mónica | Vaciamadrid: © Cortesía de Vincens + Ramos

99 Mühlenkirche | Veltenhof: Verograph (https://de.wikipedia.org/wiki/Datei:Muehlenkirche-Veltenhof_BS-Img01.jpg)

101 Salzkathedrale | Zipaquirá: Jimmy Baikovicius (https://commons.wikimedia.org/wiki/File:Catedral_de_Sal_de_Zipaquira.jpg)

103 Die Víðimýri-Kirche | Skagarfjördur: Villy Fink Isaksen (https://commons.wikimedia.org/wiki/File:Víðimýrarkirkja_5.jpg)

105 Aufblasbare Kirche: (http://aufblasbare-kirche.de/news/)

107 Kirche in Machuca: Leandro Neumann Ciuffo (https://commons.wikimedia.org/wiki/File:Iglesia_de_Machuca_(San_Tiago)_(13340737515).jpg)

109 Pfarrkirche zum Hl. Andreas Bobola | Milicz: Bogomilicz (https://commons.wikimedia.org/wiki/File:Kościół_Łaski_w_Miliczu.jpg)

111 Kloster Chor Virap | Artaschat: Diego Delso (https://de.wikipedia.org/wiki/Datei:Monasterio_Khor_Virap,_Armenia,_2016-10-01,_DD_25.jpg)

113 Knochen-Kapelle | Faro: Jonny Joka (pixabay)

115 Kirche la Inmaculada Concepción | Santa Cruz: Bamse (https://de.wikipedia.org/wiki/Datei:Concepcion_church.JPG)

117 Johannes-Kathedrale | Tiruvalla: Challiyan Dr. Vipin Challiyil (https://commons.wikimedia.org/wiki/File:St_Johns_Cathedral_Thiruvalla_2.jpg)

119 Bet Giyorgis Kirche | Lalibela: Adam Jones from Kelowna, BC, Canada (https://commons.wikimedia.org/wiki/File:Bet_Giyorgis_Rock-Hewn_Church_-_Lalibela_-_Ethiopia_-_04_(8731011003).jpg)

121 Kirche San Giovanni Battista | Mogno: Monster4711 (https://commons.wikimedia.org/wiki/File:Botta_Mogno.jpg)

123 Strand-Kapelle | Beidaihe: Chen Hao (https://www.arch2o.com/seashore-chapel-vector-architects)

125 Kirche San Francisco de Asis | Taos: Travis K. (https://commons.wikimedia.org/wiki/File:San_Francisco_de_Asis_Mission_Church.JPG)

127 Flussschifferkirche | Hamburg: Pauli-Pirat (https://commons.wikimedia.org/wiki/File:Flussschifferkirche_Hamburg_Glocke_und_Kreuz.jpg)

129 Kirche Graha Maria Annai Velangkanni | Medan: Ronald Tagra (https://commons.wikimedia.org/wiki/File:Graha_Maria_Annai_Velangkanni_Medan.jpg)

131 Ice Church | Jukkasjärvi: Ice Church | Jukkasjärvi: bjaglin from Lund, Sweden (https://de.wikipedia.org/wiki/Datei:Ice_Hotel_Church_Jukkasjärvi.jpg)

133 Kloster Swjatohirsk: Konstantin Brizhnichenko (https://de.wikipedia.org/wiki/Datei:Svjatogorsk,_Lavra_3.jpg)

135 Kathedrale Metropolitana de São Sebastião | Rio de Janeiro: (https://www.telegraph.co.uk/content/dam/Travel/2017/june/church-Rio_de_Janeiro_Cathedral.jpg)

137 Østerlars Kirche | Bornholm: Helen Simonsson (https://commons.wikimedia.org/wiki/File:Österlars_kyrka_Østerlars_Kirke_Bornholm.jpg)

139 Oruaiti Kapelle | Whangarei: Ulrich Lange, Bochum, Germany (https://commons.wikimedia.org/wiki/File:Oruaiti_Chapel.jpg)

141 Salvation Mountain | Calipatria: MissMalaprop (pixabay)

143 Den Tilsandede Kirke | Skagen: Tanya Dedyukhina (https://commons.wikimedia.org/wiki/File:Skagen_Den_tilsandede_kirke_-_panoramio.jpg)

145 Kathedrale Metropolitana Nossa Senhora Aparecida | Brasilia: Cayambe (https://commons.wikimedia.org/wiki/File:Cathedral_of_Brasilia_int_July_2009.jpg)

147 Kapelle in der Veltins-Arena | Gelsenkirchen: Bernd Becker, Ev. Presseverband Westfalen/Lippe

149 Sankt-Paul-Kirche | Gunupur: Hpsatapathy (https://commons.wikimedia.org/wiki/File:St._Paul's_Church_at_Gunupur.JPG)